Etgar Keret

Die sieben guten Jahre

atb aufbau taschenbuch

ETGAR KERET, geboren 1967 in Ramat Gan, Israel, ist einer der bedeutendsten zeitgenössischen Schriftsteller Israels. Er gilt als Meister der Kurzgeschichte, seine Short-Story-Bände sind in Israel Bestseller und werden in 40 Sprachen übersetzt. Etgar Keret schreibt auch Drehbücher und Graphic Novels. Er lebt mit seiner Familie in Tel Aviv. Im Aufbau Verlag ist von ihm der Story-Band »Tu's nicht« lieferbar.
Mehr zum Autor unter www.etgarkeret.com.

In seinem persönlichsten Buch erzählt der israelische Autor Etgar Keret von seinem Leben als Vater und Sohn. Es sind einzigartige sieben Jahre zwischen der Geburt seines Sohnes und dem Tod seines Vaters: reich an Geschichten, so grotesk, zärtlich und schwebend, wie nur Keret sie erzählen kann. Darf man in einem Land im Kriegszustand wirklich um die Höhe seiner Handygebühren feilschen? Und wie überzeugt man den kleinen Sohn, sich bei Sirenenalarm in den Straßenstaub zu werfen? Am Ende sitzen alle am Totenbett des Vaters – die orthodoxe Schwester und der kiffende Bruder. Skurrile, ergreifende, großherzige Geschichten, deren Wahrheit wie Songs wirken und für immer bleiben. Kongenial übersetzt von Daniel Kehlmann.

ETGAR KERET

DIE SIEBEN GUTEN JAHRE

Mein Leben als Vater und Sohn

Aus dem Englischen
von Daniel Kehlmann

atb aufbau taschenbuch

Die Originalausgabe unter dem Titel
»The Seven Good Years«
erschien 2015 bei Riverhead Books, Penguin, New York City.

Die deutsche Erstausgabe erschien 2016
bei S. Fischer Verlag, Frankfurt am Main.

MIX
Papier aus verantwor-
tungsvollen Quellen
FSC® C083411

ISBN 978-3-7466-3692-4

Aufbau ist eine Marke der Aufbau Verlag GmbH & Co. KG

1. Auflage 2021
Vollständige Taschenbuchausgabe
© Aufbau Verlag GmbH & Co. KG, Berlin 2021
Copyright © 2015, Etgar Keret
Copyright der deutschen Übersetzung © S. Fischer Verlag GmbH,
Frankfurt am Main, 2016
Illustrationen im Innenteil © Jason Polan
Umschlaggestaltung zero-media.net, München
unter Verwendung eines Motives von © Getty Images/dem10
und einer Illustration von Sabine Hahn
Druck und Binden CPI books GmbH, Leck, Germany
Printed in Germany

www.aufbau-verlag.de

Für meine Mutter

Inhalt

Die sieben guten Jahre

JAHR 1

Plötzlich wieder das Gleiche

»Ich kann Terroranschläge nicht leiden«, sagt die dünne Krankenschwester zu der älteren, »Kaugummi gefällig?«

Die ältere nimmt einen und nickt. »Was soll man tun? Ich kann auch Notfälle nicht leiden.«

»Es sind gar nicht die Notfälle«, sagt die dünne. »Ich hab kein Problem mit Unfällen und so. Aber Terroranschläge, ich sag's dir, die hüllen alles in graue Watte.«

Wie ich da auf einer Bank vor der Geburtsstation sitze, sage ich mir: Sie hat schon recht. Vor einer Stunde bin ich hergekommen, ganz aufgeregt, mit meiner Frau und einem Sauberkeitsfanatiker von Taxifahrer, der, als die Fruchtblase platzte, vor allem Sorge hatte, dass seine Polsterung schmutzig werden könnte. Und jetzt sitze ich in einem Korridor, und mir ist unwohl, und ich warte darauf, dass das medizinische Personal endlich aus der Intensivstation zurückkommt. Alle außer den beiden Schwestern sind damit beschäftigt, den Menschen zu helfen, die bei dem Anschlag verletzt wurden. Sogar die Wehen meiner Frau haben sich verlangsamt. Womöglich fühlt auch das Baby, dass die Sache mit dem Geborenwerden gerade nicht so dringend ist. Auf dem Weg zur Cafeteria werden einige der Verletzten auf quietschenden Tragen an mir vorbeigefahren. Eben noch, im Taxi hat meine Frau wie eine Verrückte geschrien. Aber diese Leute sind alle still.

»Bist du Etgar Keret?«, fragt ein junger Mann in einem karierten Hemd. »Der Schriftsteller?« Ich nicke zögernd. »Was hast du gerade gemacht?«, fragt er und zieht ein Aufnahmegerät aus der Tasche. »Wo warst du, als es passiert ist?« Als ich zögere, sagt er voll Mitleid: »Lass dir Zeit. Kein Druck. Du musst ja traumatisiert sein!«

»Ich war nicht bei dem Anschlag«, erkläre ich. »Ich bin nur zufällig da. Meine Frau bringt ein Kind zur Welt.«

»Oh«, sagt er, versucht gar nicht, seine Enttäuschung zu verbergen, und drückt den Stopp-Knopf. »Mazel tov.« Er setzt sich neben mich und zündet sich eine Zigarette an.

»Vielleicht solltest du lieber mit jemand anderem reden«, schlage ich vor, um den Lucky-Strike-Rauch aus meinem Gesicht zu kriegen. »Vor einer Minute habe ich gesehen, wie sie zwei Leute in die Neurologie gebracht haben.«

»Russen«, sagt er seufzend. »Können kein Wort

Hebräisch. Außerdem lassen sie ohnehin keinen in die Neurologie. Das ist mein siebter Anschlag in diesem Krankenhaus, und ich kenne inzwischen ihren ganzen Schtick.« Eine Minute sitzen wir da, ohne zu reden. Er ist etwa zehn Jahre jünger als ich, aber er bekommt bereits eine Glatze. Als er bemerkt, dass ich ihn ansehe, lächelt er und sagt: »Zu schade, dass du nicht dort warst. Eine Reaktion von einem Schriftsteller wäre gut für meinen Artikel gewesen. Jemand Originelles, jemand mit ein bisschen Vision. Nach jedem Anschlag bekomme ich immer das Gleiche: ›Plötzlich hörte ich einen Knall.‹ ›Ich weiß nicht, was passiert ist.‹ ›Alles war voll Blut.‹ Wie viel davon kann man schon gebrauchen?«

»Es ist nicht deren Fehler«, sage ich. »Das ist, weil die Anschläge immer gleich sind. Was soll man schon über eine Explosion und sinnloses Sterben Originelles sagen?«

»Keine Ahnung«, sagt er achselzuckend. »Du bist der Schriftsteller.«

Die ersten Leute in weißen Jacken kommen von der Intensivstation zurück zur Geburtsstation. »Du bist aus Tel Aviv«, sagt der Reporter zu mir. »Also warum kommt ihr für die Geburt den ganzen Weg raus zu dieser Müllkippe?«

»Wir wollten eine natürliche Geburt. Die Abteilung hier –«

»Natürlich?«, unterbricht er kichernd. »Was ist natürlich daran, wenn ein Zwerg, dem ein Kabel aus dem Bauchnabel hängt, aus der Vagina deiner Frau fällt?«

Ich versuche gar nicht, ihm zu antworten.

»Ich habe meiner Frau gesagt, wenn du jemals ein Kind bekommst, dann nur mit Kaiserschnitt, wie in Amerika. Ich will nicht, dass dir irgendein Baby für mich die Figur ruiniert. Heutzutage bringen Frauen nur noch in primitiven Ländern Kinder wie Tiere zur Welt. Yallah, ich muss jetzt arbeiten.« Er steht auf, aber bevor er geht, versucht er es ein letztes Mal. »Vielleicht hast du trotzdem was über den Anschlag zu sagen? Hat es irgendwas für dich verändert? Zum Beispiel den Namen, den du dem Baby gibst oder so was, ich weiß nicht …«

Ich lächle entschuldigend.

»Ist egal«, sagt er zwinkernd. »Ich hoffe, es läuft gut, Mann.«

Sechs Stunden später fällt ein Zwerg, dem ein Kabel aus dem Bauchnabel hängt, aus der Vagina meiner Frau und fängt sofort an zu weinen. Ich versuche, ihn zu überzeugen, dass man sich gar keine Sorgen machen muss. Dass alles im Nahen Osten geklärt sein wird, wenn er erwachsen ist. Frieden wird kommen, es wird keine weiteren Terroranschläge mehr geben, und sogar wenn es ganz selten einmal einen geben sollte, wird immer jemand Originelles, jemand mit ein wenig Vision in der Nähe sein, um ihn perfekt zu be-

schreiben. Er beruhigt sich für eine Minute und über-
legt, was er als Nächstes tun soll. Man kann wohl davon ausgehen, dass er naiv ist – er ist ja nicht umsonst
ein Neugeborener –, aber nicht mal er glaubt mir, und
nach einer Sekunde des Zögerns und einem kurzen
Schluckauf fängt er wieder an zu weinen.

Großes Baby

Als ich ein Kind war, nahmen mich meine Eltern mit nach Europa. Der Höhepunkt der Reise war nicht Big Ben oder der Eiffelturm, sondern der Flug von Israel nach London – vor allem das Essen. Auf dem Tischchen vor mir stand eine kleine Dose Coca-Cola, und daneben lag eine Packung Cornflakes, die nicht größer war als eine Schachtel Zigaretten.

Meine Überraschung beim Anblick dieser Miniaturverpackungen wurde zu wahrer Begeisterung, als ich sie öffnete und herausfand, dass die Cola genauso schmeckte wie jenes in Dosen normaler Größe und dass auch die Cornflakes ganz echt waren. Es ist schwer zu erklären, woher diese Begeisterung wirklich kam. Immerhin ging es ja nur um ein Softgetränk und um Frühstücksflocken in sehr kleinen Packungen, aber als ich sieben war, war ich sicher, dass vor meinen Augen ein Wunder geschah.

Und heute, dreißig Jahre später, da ich in meinem Wohnzimmer in Tel Aviv meinen zwei Wochen alten Sohn ansehe, habe ich wieder genau das gleiche Gefühl: Da ist ein Mensch, der nicht mehr wiegt als zehn Pfund – aber innen drin ist er wütend, gelangweilt, geängstigt und ernst wie jeder andere Mensch auf diesem Planeten. Zieh ihm einen Dreiteiler und eine Rolex an, gib ihm einen kleinen Aktenkoffer und schick ihn hinaus in die Welt, dann wird er verhandeln, kämpfen und Verträge abschließen, ohne zu zögern. Ja natürlich, er spricht nicht. Außerdem bekackt er sich selbst, als gäbe es kein Morgen. Ich bin der Erste, der zugibt, dass er noch die eine oder andere Sache lernen muss, bevor man ihn ins All schießen oder ihm erlauben kann, eine F-16 zu fliegen. Aber im Prinzip ist er eine vollständige Person in einer Miniaturpackung, und zwar nicht irgendeine, sondern eine ziemlich extreme Person, ein Exzentriker, ein Charakter. Einer von der Art Leuten, die man respektiert, aber nicht ganz versteht. Denn wie alle komplexen Menschen, unabhängig von Größe oder Gewicht, hat er viele Seiten.

Mein Sohn, der Erleuchtete: Als jemand, der viel über Buddhismus gelesen, zwei oder drei Vorträge von Gurus angehört und einmal sogar Diarrhö in Indien gehabt hat, muss ich sagen, dass mein Babysohn die erste erleuchtete Person ist, die ich je getroffen habe. Er lebt ganz und gar in der Gegenwart: Er nimmt keinem etwas übel und fürchtet die Zukunft nie. Er ist vollkommen frei von Ego. Nie versucht er, seine Ehre zu verteidigen oder sich irgendwas als Verdienst anrechnen zu lassen. Übrigens haben seine Großeltern längst ein Bankkonto für ihn eröffnet, und jedes Mal, wenn er seine Wiege schaukelt, erzählt ihm Großpapa von dem großartigen Zinssatz, den er für ihn ausgehandelt hat, und davon, wie viel Geld er unter Voraussetzung einer durchschnittlichen einstelligen Inflationsrate bekommen wird, wenn das Konto in einundzwanzig Jahren fällig wird. Der Kleine antwortet nicht. Aber wenn Großpapa die Prozente gegen den Zinssatz berechnet, bemerke ich, wie einige Falten auf der Stirn meines Sohnes auftauchen – die ersten Risse in der Wand seines Nirvana.

Mein Sohn, der Junkie. Ich möchte mich bei allen gegenwärtigen und ehemaligen Süchtigen entschuldigen, aber bei allem Respekt für ihr Leiden: Niemand hat Entzugserscheinungen wie mein Sohn. Wie jeder wahre Abhängige hat er hinsichtlich seiner Freizeitgestaltung nicht die gleiche Zahl von Optionen wie andere – zum Beispiel ein gutes Buch oder einen abendlichen Spaziergang oder die NBA-Playoffs. Für ihn gibt es nur zwei Möglichkeiten: eine Brust oder die Hölle. »Bald wirst du die Welt entdecken – Mädchen, Alkohol, illegales Online-Glücksspiel«, sage ich, um ihn zu beruhigen. Aber wir beide wissen, dass bis dahin nur die Brust existieren wird. Zum Glück für ihn und für uns hat er eine Mutter, die mit zweien davon ausgestattet ist. *Worst-Case-Scenario*: Wenn eine versagt, gibt es noch eine zum Ersatz.

Mein Sohn, der Psychopath. Manchmal, wenn ich nachts aufwache und sehe, wie sich sein kleiner Körper neben mir im Bett unter kehligen Lauten schüttelt, als wäre er ein Spielzeug, dessen Batterien durchbrennen, kann ich nicht anders, als ihn in meiner Phantasie mit Chucky der Mörderpuppe zu vergleichen. Sie sind gleich groß, sie haben das gleiche Temperament, und keinem der beiden ist etwas heilig. Das ist das wirklich Enervierende an meinem zwei Wochen alten Sohn: Er hat keinerlei Moralität, nicht eine Unze. Rassismus, Ungleichheit, Rücksichtslosigkeit, Globalisierung – das ist ihm alles völlig egal. Er hat keinerlei Interessen, die über seine unmittelbaren Antriebe und Begehren hinausgehen. Was ihn betrifft, können die anderen Menschen zur Hölle gehen oder Greenpeace beitreten. Alles, was er jetzt gerade will, ist etwas gute Milch oder Linderung für seinen Windelausschlag; und wenn die Welt zerstört werden müsste, damit er das kriegt, dann zeigt ihm einfach den Schalter. Er wird ihn umlegen, ohne eine Sekunde zu zögern.

Mein Sohn, der sich selbst hassende Jude …

»Meinst du nicht, dass jetzt mal genug ist?«, unterbricht meine Frau. »Statt dir hysterische Vorwürfe gegen deinen entzückenden Sohn auszudenken, könntest du vielleicht etwas Nützliches tun und ihm die Windeln wechseln.«

»Okay«, sage ich. »Okay. Bin ja schon fertig.«

Anruf und Antwort

Ich empfinde große Bewunderung für aufmerksame Telefonverkäufer, die zuhören, die versuchen herauszufinden, in welcher Stimmung man ist, und die einem nicht sofort ein Gespräch aufzwingen wollen. Daran liegt es, dass ich, als Devora von der Satelliten-TV-Firma YES anruft und fragt, ob gerade ein guter Moment zum Reden ist, ihr zunächst für ihre Rücksicht danke. Dann sage ich höflich, dass es leider kein guter Moment ist.

»Es ist nämlich so, dass ich vor einer Minute in ein Loch gefallen bin und meine Stirn und meinen Fuß verletzt habe, deshalb ist es wirklich nicht der beste Zeitpunkt.«

»Ich verstehe«, sagt Devora. »Also wann, glauben Sie, wäre ein guter Moment zum Reden? In einer Stunde?«

»Bin nicht sicher. Mein Knöchel ist wohl gebrochen, als ich gefallen bin, und das Loch ist ziemlich tief, und ich glaube nicht, dass ich ohne Hilfe rausklettern kann. Es hängt davon ab, wie schnell das Rettungsteam hier ist und ob sie meinen Fuß eingipsen müssen oder nicht.«

»Dann soll ich besser morgen anrufen?«, fragt sie unbeirrt.

»Ja«, stöhne ich. »Morgen ist gut.«

»Was soll das Zeug mit dem Loch?«, fragt meine Frau, die neben mir im Taxi sitzt und all meine Ausweichtaktiken mitangehört hat. Es ist das erste Mal, dass wir ausgehen und unseren Sohn Lev bei meiner Mutter gelassen haben, deshalb ist sie ein wenig nervös. »Warum kannst du nicht einfach sagen: ›Danke, aber ich bin nicht daran interessiert, etwas zu kaufen oder zu mieten oder auszuleihen, was auch immer es ist, das Sie verkaufen, also bitte rufen Sie nicht mehr an, nicht in diesem Leben und, wenn es irgend möglich ist, auch nicht im nächsten.‹ Dann mach eine kurze Pause, sag ›Schönen Tag noch‹ und häng auf wie jeder andere auch.«

Ich glaube nicht, dass jeder andere so hart und gemein zu Devora und ihresgleichen ist, wie meine Frau es wäre; aber ich muss doch zugeben, dass sie nicht unrecht hat. Im Nahen Osten sind die Menschen sich ihrer Sterblichkeit stärker bewusst als an anderen Orten des Planeten, was wiederum dazu führt, dass ein großer Teil der Bevölkerung aggressive Tendenzen gegenüber Fremden entwickelt, deretwegen sie die kurze Zeit verschwenden, die ihnen auf Erden bleibt. Und obwohl ich meine Zeit ebenso eifersüchtig verteidige wie wir alle, fällt es mir doch sehr schwer, zu Fremden am Telefon nein zu sagen. Ich habe keine Probleme dabei, Verkäufer auf Straßenmärkten abzuschütteln oder nein zu jemandem zu sagen, den ich kenne, wenn er mir etwas am Telefon anbietet. Aber die unheilige Verbindung eines telefonischen Angebotes und eines Fremden paralysiert mich, und in weniger als einer Sekunde stelle ich mir das narbige Gesicht der Person am anderen Ende der Leitung vor, die ein Leben voll Leiden und Erniedrigung geführt hat. Ich stelle sie mir auf dem Fensterbrett ihres Büros im zweiundvierzigsten Stock vor, während sie mit ruhiger Stimme am drahtlosen Telefon mit mir spricht und ihre Entscheidung längst getroffen hat: »Wenn noch ein einziges Arschloch nein zu mir sagt, dann springe ich!« Und wenn man eine Entscheidung treffen muss zwischen dem Leben eines Menschen und dem Abonnement des *Ballonskulpturen: endloser Spaß für die ganze Familie*-Kanals für nur 9,99 Shekel im Monat, dann wähle ich das Leben, oder wenigstens habe ich das getan, bis meine Frau und mein Finanzberater mich höflich gebeten haben, damit aufzuhören.

Und deshalb habe ich die »arme Großmutter-Strategie« entwickelt, welche sich auf eine Frau beruft, für die ich bereits Dutzende virtuelle Begräbnisse arrangiert habe, um aus sinnlosen Gesprächen herauszukommen. Aber da ich nun schon ein Loch für mich gegraben habe und für Devora vom Satelliten-TV-Konzern hineingefallen bin, kann ich diesmal Großmutter Shoshana in Frieden ruhen lassen.

»Guten Morgen, Herr Keret«, sagt Devora am nächsten Tag. »Ich hoffe, jetzt ist ein besserer Moment für Sie.«

»Die Wahrheit ist, dass es einige Komplikationen mit meinem Fuß gegeben hat«, murmele ich. »Ich weiß nicht wie, aber es ist Wundbrand entstanden, und jetzt haben Sie mich gerade knapp vor der Amputation erwischt.«

»Es dauert wirklich nur eine Minute«, versucht sie es tapfer.

Aber ich bleibe hartnäckig. »Es tut mir leid, sie haben mir schon ein Beruhigungsmittel gegeben, und der Doktor zeigt mir gerade, dass ich mein Handy ausmachen muss. Er sagt, es ist nicht steril.«

»Dann versuche ich es morgen. Viel Glück bei der Amputation.«

Die meisten Telefonverkäufer geben nach einem Anruf auf. Meinungsforscher und Verkäufer von Internet-Paketangeboten versuchen es höchstens noch ein zweites Mal. Aber Devora von der Satelliten-TV-Firma ist anders.

»Hallo, Herr Keret«, sagt sie, als ich das nächste Mal unvorbereitet abnehme. »Wie geht es Ihnen?« Und bevor ich antworten kann: »Da Ihre neue gesundheitliche Lage Sie wahrscheinlich zu Hause festhalten wird, wollte ich Ihnen unser Extremsportpaket anbieten. Vier Kanäle, die alle unterschiedlichen Extremsportarten aus der ganzen Welt bieten, von den Zwergenweitwurfweltmeisterschaften bis hin zum Australischen Gläserwettessen.«

»Sie wollen Etgar?«, flüstere ich.

»Ja«, sagt Devora.

»Er ist gestorben«, sage ich und mache eine Pause, bevor ich weiterflüstere. »Eine Tragödie. Ein Assistenzarzt hat ihn auf dem Operationstisch erledigt. Wir erwägen eine Klage.«

»Mit wem spreche ich denn?«, fragt Devora.

»Michael, sein jüngerer Bruder«, improvisiere ich. »Aber ich kann jetzt nicht reden. Ich bin auf dem Begräbnis.«

»Mein herzliches Beileid«, sagt Devora mit zitternder Stimme. »Ich habe nur wenig mit ihm geredet, aber er klang wie ein wunderbarer Mensch.«

»Danke«, flüstere ich. »Ich muss auflegen. Ich muss den Kaddish beten.«

»Natürlich«, sagt Devora. »Ich rufe später an. Ich habe ein absolut perfektes Trostangebot.«

Unsere guten alten Kriege

Gestern rief ich die Mobiltelefongesellschaft an, um dort Leute anzuschreien. Am Vortag hatte mir mein Freund Uzi erzählt, dass er dort angerufen, ein wenig geschrien und gedroht hätte, den Anbieter zu wechseln. Und sofort hätten sie ihm den Preis um 50 Shekel pro Monat herabgesetzt. »Ist das nicht unglaublich?«, hatte er aufgeregt gesagt. »Ein wütender Anruf, fünf Minuten nur, und du sparst 600 Shekel im Jahr.«

Die Kundendienstmitarbeiterin hieß Tali. Sie hörte ruhig meine Beschwerden und Drohungen an, und als ich fertig war, sagte sie mit einer leisen, tiefen Stimme: »Sagen Sie, mein Herr, schämen Sie sich nicht? Wir sind im Krieg. Leute werden getötet. Raketen fallen auf Haifa und Tiberias, und alles, woran Sie denken, sind Ihre 50 Shekel?«

Da hatte sie nicht unrecht, und sofort fühlte ich mich etwas unwohl. Ich entschuldigte mich, und die noble Tali vergab mir. Schließlich ist ein Krieg nicht die richtige Zeit, um einem der eigenen Leute etwas übelzunehmen.

Am selben Nachmittag probierte ich die Wirksamkeit von Talis Argument an einem störrischen Taxifahrer aus, der sich weigerte, mich und meinen kleinen Sohn mitzunehmen, weil ich keinen Kindersitz dabeihatte.

»Sagen Sie, schämen Sie sich nicht?«, fragte ich und versuchte, Tali so exakt wie möglich zu imitieren. »Wir sind im Krieg. Menschen werden getötet. Bomben fallen auf Tiberias, und alles, woran Sie denken, ist Ihr Kindersitz?«

Das Argument funktionierte auch hier, und der verlegene Taxifahrer entschuldigte sich und bat mich, schnell einzusteigen. Als wir auf die Autobahn fuhren, sagte er, teils zu mir und teils zu sich selbst: »Es ist ein echter Krieg, nicht?« Und nach einem langen Atemzug fügte er nostalgisch hinzu: »Wie in alten Zeiten.«

Nun, da das Echo von »wie in alten Zeiten« in meinem Geist widerhallt, sehe ich diesen Konflikt mit dem Libanon in völlig neuem Licht. Wenn ich zurückdenke und versuche, meine Gespräche mit besorgten Freunden über diesen Krieg zu rekonstruieren, über die iranischen Bomben, über die syrischen Intrigen und die Vermutung, dass der Anführer der Hisbollah, Scheich Hassan Nasrallah, die Fähigkeit hat, einen Schlag gegen jeden Ort im Land, sogar Tel Aviv, zu führen, wird mir klar, dass alle ein schwaches Leuchten in den Augen hatten, eine Art unbewusste Erleichterung.

Und nein, das liegt nicht etwa daran, dass wir Israelis uns nach Krieg oder Tod oder Trauer sehnen. Aber wir sehnen uns nach den »alten Zeiten«, von denen der Taxifahrer sprach. Wir sehnen uns danach, dass ein echter Krieg an die Stelle dieser ermüdenden Jahre der Intifada treten möge, in denen es kein Schwarz und Weiß gab, sondern nur Grau, in denen wir nicht einer bewaffneten Armee gegenüberstanden, sondern nur resoluten jungen Leuten mit Sprengstoffgürteln. Jahre, in denen die Aura der Tapferkeit verschwand und ersetzt wurde von langen Menschenschlangen vor unseren Checkpoints, schwangeren Frauen kurz vor der Niederkunft und älteren Leuten, die kaum die mörderische Hitze ertragen.

Plötzlich hat uns die erste Raketensalve das vertraute Gefühl zurückgebracht, dass wir Krieg führen gegen einen skrupellosen Feind, der unsere Grenzen angreift, einen wahrhaft bösartigen Feind, nicht etwa einen, der für Freiheit und Selbstbestimmung kämpft, nicht einen, der uns Stottern macht und uns in Verwirrung stürzt. Wir sind wieder überzeugt von der Richtigkeit unserer Sache, und wir kehren mit Lichtgeschwindigkeit zurück zu jenem Patriotismus, den wir fast schon aufgegeben hatten. Wir sind wieder ein kleines Land, umgeben von Feinden, das um sein Leben kämpft, nicht eine starke Besatzungsmacht, die jeden Tag gegen die Zivilbevölkerung kämpfen muss.

Ist es also erstaunlich, dass wir alle im Geheimen ein klein wenig erleichtert sind? Her mit dem Iran, her mit einer Prise Syrien, her mit einer Handvoll Scheich Nasrallah, wir schlucken sie ganz herunter. Wenn es darum geht, moralische Unklarheiten zu lösen, sind wir nicht besser als irgendwer sonst. Aber wie man einen Krieg gewinnt, wussten wir immer.

JAHR 2

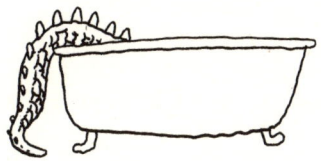

Mit unaufrichtigen Grüßen

Als Kind hielt ich die Hebräische Buchwoche für eine staatlich vorgeschriebene Ferienzeit, die sich nahtlos in die Periode zwischen Unabhängigkeitstag, Passah und Hanukkah einfügte. Da saßen wir eben mal nicht um Lagerfeuer, drehten Kreisel oder schlugen uns mit Plastikhämmern auf die Köpfe. Und im Unterschied zu anderen Ferien erinnerte die Buchwoche auch nicht an einen historischen Sieg oder eine heroische Niederlage. Dafür mochte ich sie umso mehr.

Anfang Juni also suchten meine Schwester, mein Bruder und ich jedesmal mit unseren Eltern den Hauptplatz von Ramat Gan auf, auf dem Dutzende Büchertische aufgestellt waren. Jeder von uns suchte sich fünf Bücher aus. Manchmal war der Autor eines der Bücher am Tisch und schrieb eine Widmung hinein. Meine Schwester mochte das sehr. Ich fand es ein wenig lästig. Auch wenn jemand ein Buch geschrieben hat, gibt ihm das nicht das Recht, in mein privates Exemplar zu kritzeln – vor allem dann nicht, wenn seine Handschrift so hässlich ist wie die eines

Apothekers und er darauf besteht, schwierige Worte zu verwenden, die du im Wörterbuch nachschlagen musst, nur um herauszufinden, dass er nichts anderes hat sagen wollen als: *Viel Spaß!*

Viele Jahre sind vergangen, und obgleich ich kein Kind mehr bin, werde ich bei der Buchwoche noch so aufgeregt wie früher. Aber jetzt ist die Sache für mich ein wenig anders, ein wenig anstrengender geworden.

Bevor ich selbst Bücher veröffentlicht habe, habe ich nur in jene davon Widmungen geschrieben, die ich Menschen geschenkt habe, die ich kannte. Dann fand ich mich eines Tages auf einmal dabei, Bücher für Leute zu signieren, die diese selbst gekauft hatten, Leute, die ich noch nie getroffen hatte. Was kann man denn schon einem völlig Fremden, der alles sein kann, von einem Serienmörder bis hin zu einem selbstlosen Retter verfolgter Juden, in sein Buch schreiben? »In Freundschaft« grenzt an Heuchelei, »in Bewunderung« funktioniert auch nicht recht, »mit besten Wünschen« klingt onkelhaft, und »Ich hoffe, mein Buch gefällt Ihnen!« dünstet vom ersten Buchstaben bis zum Rufzeichen Anbiederung aus. Daher erschuf ich vor genau achtzehn Jahren, in der letzten Nacht meiner ersten Buchwoche, ein neues Genre: fiktive Widmungen. Wenn die Bücher reine Fiktion sind, warum sollten dann die Widmungen wahr sein?

»Für Danny, der im Libanon mein Leben gerettet

hat. Hättest du nicht diesen Druckverband angelegt, gäbe es mich nicht und nicht dieses Buch.«

»Für Mickey. Deine Mutter hat angerufen. Ich habe aufgelegt. Wag es nicht mehr, hier noch einmal aufzutauchen.«

»Für Sinai. Ich komme heute Nacht spät heim, aber im Kühlschrank ist noch etwas Tscholent.«

»Für Feige. Wo ist der Zehner, den ich dir geliehen habe? ›Zwei Tage‹, hast du gesagt, jetzt ist es schon ein Monat. Ich warte.«

»Für Tziki. Ich gebe zu, dass ich mich wie ein Arschloch verhalten habe. Aber wenn deine Schwester mir verzeihen kann, kannst du es auch.«

»Für Avram. Mir egal, was der Laborbericht sagt. Für mich wirst du immer mein Vater sein.«

»Bosmat, auch wenn du jetzt mit einem anderen Mann zusammen bist, wissen wir doch beide, dass du am Ende zu mir zurückkommst.«

Im Rückblick und nach der Ohrfeige, die ich dafür bekommen habe, gehe ich davon aus, dass ich die letzte dieser Widmungen nicht hätte schreiben sollen, als ein hünenhafter Mann mit Marinehaarschnitt ein Buch für seine Freundin gekauft hatte. Obwohl ich immer noch der Meinung bin, er hätte auch eine höfliche Bemerkung machen können, anstatt gleich gewalttätig zu werden.

Jedenfalls habe ich meine Lektion gelernt, auch wenn es schmerzhaft war, und seither mache ich bei jeder Buchwoche – egal wie sehr es mich in den Fingern juckt, in das Buch, das irgendein Dudi oder Shlomi gekauft hat, zu schreiben, dass es sich beim nächsten Mal, wenn er etwas von mir auf Papier sieht, um einen Brief meines Anwalts handeln wird – einen tiefen Atemzug und kritzle stattdessen »mit besten Wünschen«. Vielleicht ist das langweilig, aber es ist weniger gefährlich fürs Gesicht.

Falls also der Hüne und Bosmat das lesen, möchte ich, dass sie wissen, dass es mir wirklich leidtut und dass ich, wenn auch verspätet, um Entschuldigung bitte. Und wenn du das zufällig liest, Feige, ich warte immer noch auf den Zehner.

Meditation im Flug

Vor einigen Monaten öffnete ich meinen rostigen Briefkasten und fand einen blauweißen Umschlag. Darin war eine goldene Plastikkarte, auf der mein Nachname eingeprägt war. Und darüber stand in blumigen Buchstaben FREQUENT FLYER CLUB GOLD. Mit einer pathetischen Geste zeigte ich sie meiner Frau, in der Hoffnung, dass ein Zeichen der Wertschätzung von objektiver und unbeteiligter Seite ihre harte Meinung über mich ein wenig besänftigen würde. Aber es funktionierte nicht.

»Ich rate dir, diese Karte niemandem zu zeigen«, sagte sie.

»Warum nicht?«, fragte ich. »Sie macht mich zum Mitglied eines erlesenen Clubs.«

»Allerdings«, sagte meine Frau mit ihrem charakteristischen Raubtierlächeln. »Dem erlesenen Club der Leute, die kein Leben haben.«

Nun gut. Im intimen und diskret abgeschotteten Bereich dieses Buches bin ich bereit, wenigstens teilweise zu gestehen, dass ich kein eigenes Leben habe, wenigstens nicht im traditionellen und alltäglichen Sinne des Wortes. Und ich gebe zu, dass ich mehr als nur einmal im vergangenen Jahr auf dem Abriss der sich friedlich zwischen die Seiten meines von Stempeln tätowierten Reisepasses schmiegenden Boardingkarte nachsehen musste, in welchem Land ich überhaupt war. Und ich gebe auch zu, dass ich mich während jener Aufenthalte, die häufig auf einen Fünfzehn-Stunden-Flug folgen, nicht selten vor einer sehr kleinen Gruppe von Leuten fand, welche mir, nachdem ich ihnen eine Stunde lang vorgelesen hatte, tröstend auf den Rücken klopften und der Hoffnung Ausdruck verliehen, dass meine Geschichten auf Hebräisch sicherlich Sinn ergeben würden. Aber ich liebe es, Menschen vorzulesen: Wenn es ihnen Freude macht, macht es auch mir Freude, und wenn sie leiden, dann gehe ich davon aus, dass sie es wohl verdient haben.

Die Wahrheit ist aber – da ich nun einmal einen unerklärlichen Anfall von Ernsthaftigkeit habe: Ich bin bereit zuzugeben, dass ich auch die Flüge selbst liebe. Nicht die Sicherheitskontrollen davor oder die Fluglinienmitarbeiter mit den säuerlichen Gesichtern am Check-in-Schalter, die mir erklären, dass der letzte noch freie Sitz sich zwischen zwei von Blähungen geplagten japanischen Sumo-Ringern befindet. Ich bin auch nicht gerade verrückt nach der langen Wartezeit am Gepäckband nach dem Flug oder nach dem Jetlag, der einem mit einem besonders stumpfen Teelöffel einen transatlantischen Tunnel durch den Schädel bohrt. Was ich liebe, ist die Mitte dazwischen, also den Teil, währenddessen man in einer winzigen Blechschachtel eingesperrt ist, die zwischen Himmel und Erde schwebt. Eine Blechschachtel, die völlig abgeschnitten ist von der Welt und in der es keine echte Zeit gibt oder kein echtes Wetter, nur ein wohlschmeckendes Stück Vorhölle, das vom Start bis zur Landung andauert.

Und seltsamerweise bedeuten diese Flüge für mich nicht nur, dass ich das aufgewärmte TV-Essen verzehre, das sardonische Werbetexter der Fluglinie einen »Genuss in großer Höhe« nennen. Sie sind auch eine Art meditatives Loslassen der Welt. Flüge sind ausgedehnte Momente, in denen das Telefon nicht klingelt und das Internet nicht funktioniert. Die Maxime, dass Flugzeit verschwendete Zeit ist, befreit mich von meinen Befürchtungen und Schuldgefühlen, und sie nimmt allen Ehrgeiz von mir. Eine glückliche, idiotische Existenz, die nicht versucht, das beste aus der zur Verfügung stehenden Zeit zu machen, sondern sich damit begnügt, die angenehmste Art zu finden, diese Zeit totzuschlagen.

Das »Ich«, das zwischen Start und Landung existiert, ist eine gänzlich andere Person. Das Flug-»Ich« ist abhängig von Tomatensaft, einem Getränk, das ich nicht anrühren würde, wenn meine Füße auf dem festen Boden stehen. In der Luft sieht dieses »Ich« geistesbetäubende Hollywoodkomödien auf einem hämorrhoidengroßen Schirm an und taucht so tief in die Seiten des Produktkatalogs in der Tasche des Vordersitzes ein, als handle es sich um eine verbesserte Version des Alten Testaments.

Ich weiß nicht, ob Sie je von der Brieftasche aus rostresistenten Stahlfasern gehört haben, ein Material entwickelt von der NASA, welches garantiert, dass die Geldscheine darin noch lange Zeit frisch bleiben werden, wenn unser Planet längst zerstört ist. Oder die Katzentoilette, welche in einer Pflanze versteckt die Gerüche wegsaugt und somit die Privatsphäre Ihrer Katze wahrt, während sie ihr Geschäft verrichtet. Oder das durch einen Mikroprozessor kontrollierte Desinfektionsmittel, das dort, wo eine Infektion entsteht, antibakterielle Silberionen an das Gewebe abgibt, um die Katastrophe einer offenen Wunde zu verhindern. Ich weiß nicht nur von diesen Erfindungen, sondern ich kann aus dem Gedächtnis die exakte Beschreibung jedes einzelnen dieser Produkte zitieren, inklusive der unterschiedlichen Farben, in denen man sie bestellen kann, so genau, als handle es sich um Verse aus dem Buch des Königs Salomon. Alles in allem hat man mir die Gold-Karte nicht umsonst geschickt.

Ich schreibe das hier auf einem Flug von Tel Aviv nach Frankfurt, auf dem Weg nach Bangkok, und ich

tue es mit einer für mich ungewöhnlichen Geschwin-
digkeit, damit ich es mir, wenn ich in ein paar Zeilen
fertig sein werde, wieder im Sitz bequem machen
kann, um noch ein wenig im Magazin der Fluglinie zu
blättern, das mich bei der Frage, welche neuen Desti-
nationen Lufthansa bald anfliegen wird, auf den neu-
esten Stand bringt. Danach werde ich vielleicht die
letzten fünfzehn Minuten von »Die große Chance«
ansehen, oder ich werde mich im hinteren Teil der
Maschine in der Warteschlange vor der Toilette unters
Volk mischen. Ich habe noch eine Stunde und vierzehn Minuten bis zur Landung, und die Zeit will ich
so gut wie möglich nützen.

Seltsame Bettgefährten

Der Schweizer mit dem lustigen Hut, der neben mir auf dem Balkon des Restaurant Indus sitzt, schwitzt wie verrückt. Ich kann es ihm nicht vorwerfen. Ich schwitze auch ein wenig, und von mir sollte man erwarten, dass ich an solche Temperaturen gewöhnt bin. Aber Bali ist nicht Tel Aviv. Die Luft hier ist so feucht, dass man sie mit einem Strohhalm trinken könnte. Der Schweizer sagt mir, dass er gerade keinen Job hat, was ihm Zeit zum Reisen gibt. Vor noch nicht langer Zeit hat er ein Resorthotel auf den neukaledonischen Inseln geleitet, aber er wurde gefeuert. Eine lange Geschichte, sagt er, aber er ist gern bereit, sie mir zu erzählen. Die türkische Schriftstellerin, an die er sich den ganzen Abend herangemacht hat, hat ihm vor einer Stunde gesagt, dass sie auf die Toilette muss, und ist nicht zurückgekommen. Er hat schon so viel getrunken, sagt er, dass er, wenn er aufstünde, die Treppen hinunterrollen würde, drum bleibt er lieber sitzen, bestellt noch einen geeisten Wodka und erzählt mir seine Geschichte.

Er fand, dass die Idee, ein Resort auf den neukaledonischen Inseln zu leiten, ziemlich cool klang. Erst als er dort ankam, wurde ihm klar, wie heruntergekommen die Anlage war. Die Klimaanlage in den Zimmern funktionierte nicht, und in den nahe gelegenen Bergen gab es Rebellen, die meist niemanden belästigten, die aber aus unerklärlichen Gründen, wahrscheinlich einfach aus Langeweile, gerne Hotelgäste auf deren Wanderungen erschreckten. Die Reinigungsfrauen weigerten sich kategorisch, auch nur in die Nähe der Großwaschanlage des Hotels zu gehen, weil sie glaubten, dass es dort spuken würde. Sie bestanden darauf, stattdessen die Laken im Fluss zu waschen. Alles in allem sah das Resort nicht aus wie in der Broschüre.

Einen Monat, nachdem er die Stelle angetreten hatte, kam ein reiches amerikanisches Ehepaar an. Von der Minute an, als sie die kleine Lobby betraten, hatte er schon das Gefühl, dass sie Ärger machen würden. Sie sahen wie typisch unzufriedene Kunden von jener Art aus, die sich über die Wassertemperatur im Pool beschweren. Der Schweizer saß also hinter dem Rezeptionstisch, goss sich ein Glas Whiskey ein und wartete auf den wütenden Anruf der beiden. Dieser kam nach weniger als fünfzehn Minuten. »Im Badezimmer ist eine Eidechse«, schrie die heisere Stimme am anderen Ende der Leitung.

»Es gibt viele Eidechsen auf der Insel, Sir«, sagte

der Schweizer höflich. »Das gehört zum Charme dieses Ortes.«

»Der Charme dieses Ortes?«, brüllte der Amerikaner. »Der Charme dieses Ortes? Meine Frau und ich finden das nicht charmant! Ich will, dass jemand die Eidechse aus unserem Zimmer holt, verstehen Sie?«

»Sir«, sagte der Schweizer. »Diese bestimmte Eidechse wegzuschaffen wird nicht helfen. Die Gegend ist voll von Eidechsen. Es gibt eine gute Chance, dass Sie morgen früh ein paar mehr in Ihrem Zimmer finden, vielleicht sogar im Bett. Aber das macht nichts, weil –«

Der Schweizer konnte den Satz nicht beenden. Der Amerikaner hatte den Hörer knallend aufgelegt. Jetzt geht es los, dachte der Schweizer, während er den Rest seines Whiskeys trank. In einer Minute würden sie an der Rezeption sein und ihn anschreien. Bei seinem Pech würden sie wahrscheinlich einen seiner Vorgesetzten bei der Hotelkette kennen, und dann wäre er geliefert.

Müde stand er hinter der Rezeption auf und entschied zu handeln. Er würde ihnen eine Flasche Champagner bringen. Er würde sich bei ihnen einschmeicheln, wie er es in der Hotelfachschule gelernt hatte, und sich aus der misslichen Lage befreien. Das würde keinen Spaß machen, aber es würde das Richtige sein. Auf halbem Weg zu ihrem Wohngebäude sah er das Auto der Amerikaner auf sich zurasen. Es

fuhr an ihm vorbei, so knapp, dass es ihn fast über-
fahren hätte, und bewegte sich weiter in Richtung
Landstraße. Er winkte zum Abschied, aber das Auto
bremste nicht.

Er ging zu ihrem Zimmer. Sie hatten die Tür offen
stehen gelassen. Ihre Koffer waren weg. Er öffnete die
Tür zum Badezimmer und sah die Eidechse. Die
Eidechse sah ihn auch. Sie sahen einander einige Sekunden schweigend an. Sie war ungefähr eineinhalb
Meter lang und hatte Krallen. Einmal hatte er so eine
gesehen, wie sie in einem Naturfilm auf einer lebendi-
gen Ziege herumkaute: Er erinnerte sich nicht mehr
genau, was der Film über sie gesagt hatte, nur dass
das sehr erschreckende, unerfreuliche Kreaturen waren. Nun verstand er, warum die Amerikaner auf diese
Art abgereist waren.

»Und das ist das Ende der Geschichte«, sagt der
Schweizer. Es stellte sich heraus, dass die Amerikaner
tatsächlich einen Brief geschrieben hatten, und eine
Woche später wurde er hinausgeworfen. Seither ist er
in der Welt herumgereist. Im November wird er in die
Schweiz zurückkehren, um herauszufinden, ob er es
in der Firma seines Bruders zu etwas bringen kann.

Als ich ihn frage, ob seine Geschichte eine Moral
hat, antwortet er, dass es wohl eine geben könnte, dass
er aber nicht weiß, was diese Moral sein mag. »Vielleicht«, sagt er nach einer kurzen Pause, »ist die Moral, dass diese Welt voller Eidechsen ist. Und obwohl

wir nichts dagegen tun können, sollten wir doch immer herausfinden, wie groß sie sind.«

Der Schweizer fragt mich, woher ich komme. Israel, sage ich und erzähle ihm, wie schwer ich es hatte, zu diesem Literaturfestival zu kommen. Meine Eltern wollten nicht, dass ich hierherreise. Sie hatten Angst, dass ich entführt oder getötet werde. Schließlich ist Indonesien ein islamisches Land und dazu sehr anti-israelisch, ja angeblich sogar antisemitisch. Ich habe versucht, sie zu beruhigen, indem ich ihnen den Link zu einer Wikipedia-Seite geschickt habe, auf der stand, dass Bali eine große Mehrheit von Hindus hat. Das hat auch nicht geholfen. Mein Vater hat darauf bestanden, dass man kein Mehrheitsvotum braucht, um mir eine Kugel durch den Kopf zu schießen. Einst wurden israelische Fahnen vor der israelischen Botschaft in Jakarta verbrannt, aber seit die diplomatischen Beziehungen abgebrochen wurden, müssen diese Flaggen vor der amerikanischen Botschaft brennen. Ein lebender, atmender Israeli, das würde sie wohl glücklich machen.

Auch das Visum war schwer zu bekommen. Ich musste fünf Tage in Bangkok warten, und wenn der Direktor des Festivals es nicht geschafft hätte, einen leitenden Angestellten des indonesischen Außenministeriums über dessen Facebookseite zu erreichen und sein Facebookfreund zu werden, hätte ich zurück nach Israel fliegen müssen. Ich sage dem Schweizer, dass ich sehr bald bei der Eröffnungsveranstaltung im Palast in Bali vor dem Gouverneur der Insel und Vertretern der königlichen Familie lesen werde und dass er, falls er bis dahin wieder auf seinen Füßen stehen kann, herzlich eingeladen ist. Die Idee gefällt dem Schweizer. Ich muss ihm beim Aufstehen helfen, aber nach dem ersten Schritt schafft er es, allein zu gehen.

Bei der Veranstaltung sind mehr als fünfhundert Menschen, in der ersten Reihe der Gouverneur und Vertreter der königlichen Familie. Sie blicken mich an, während ich lese. Ich kann ihren Gesichtsausdruck nicht wirklich deuten, aber sie sehen sehr konzentriert aus. Ich bin der erste israelische Schriftsteller, der je nach Bali gekommen ist. Ich könnte sogar der erste Israeli, vielleicht auch der erste Jude sein, den manche Leute hier im Publikum in ihrem ganzen Leben zu Gesicht bekommen. Was sehen sie, wenn sie mich anschauen? Vielleicht eine Eidechse. Und nach dem Lächeln zu urteilen, das sich langsam in ihren Gesichtern ausbreitet, ist diese Eidechse wesentlich kleiner und geselliger, als sie erwartet haben.

Verteidiger des Volkes

Nichts bringt so sehr den inneren Juden zum Vorschein wie ein paar Tage Osteuropa. In Israel kann man den ganzen Tag unter der brennenden Sonne im kurzärmeligen Hemd umhergehen und sich ganz und gar wie ein Goy fühlen: ein wenig Trance, ein wenig Oper, ein gutes Buch von Bulgakov, ein Glas irischer Whiskey. Aber von der Minute an, in der sie einem den Pass an einem polnischen Flughafen gestempelt haben, fühlt man sich anders. Vielleicht kann man immer noch den Geschmack des Lebens von Tel Aviv fühlen, und womöglich hat Gott sich einem noch nicht in der kaputten Neonleuchte offenbart, die über dem Ankunftsterminal flackert, aber mit jeder Brise Schweinefleisch, die man riecht, fühlt man sich mehr und mehr wie ein Konvertierter. Plötzlich ist man umgeben von Diaspora.

Vom Tag der Geburt an lernt man in Israel, dass in den letzten Jahrhunderten in Europa nichts stattgefunden hat als eine Reihe von Verfolgungen und Pogromen, und ungeachtet der Gebote des gesunden

Menschenverstandes schwären einem die Folgen dieser Erziehung weiterhin in den Eingeweiden. Ein unangenehmes Gefühl ist das, zumal es irgendwie ständig von der Wirklichkeit bestätigt wird. Es braucht dafür, wie ich mich letzte Woche auf einer Reise nach Osteuropa überzeugen konnte, nichts Grandioses zu passieren, kein Kosake muss einem die Mutter oder Schwester vergewaltigen. Es kann ein scheinbar unscheinbarer Kommentar auf der Straße sein, das Graffiti eines Davidsterns neben einem unklaren Slogan auf einer zerbröckelnden Wand, es kann die Art und Weise sein, wie das Licht sich auf dem Kreuz der Kirche gegenüber vom Hotelzimmer spiegelt, oder ein durch die polnische Landschaft hallendes Gespräch ein paar deutscher Touristen.

Schon steht man vor der Frage: Ist es Wahrheit oder Phobie? Drängen sich diese antisemitischen Ereignisse deinem Verstand auf, weil du sie antizipierst? Meine Frau zum Beispiel besteht darauf, dass ich übermenschliche Fähigkeiten habe, Hakenkreuze zu entdecken. Egal wo wir sind – Melbourne, Berlin oder Zagreb –, ich brauche keine zehn Minuten, um eines aufzuspüren.

Auf meiner ersten Deutschlandreise als Schriftsteller, vor genau fünfzehn Jahren, hatte mich mein Verleger in ein exzellentes bayrisches Lokal eingeladen (ich gebe zu, das klingt wie ein Oxymoron), und just als unser Hauptgericht kam, betrat ein großgewachsener, strammer Deutscher von ungefähr sechzig Jahren den Raum und begann, mit lauter Stimme zu sprechen. Sein Gesicht war rot, und er sah betrunken aus. Aus dem Durcheinander der deutschen Worte, die er in die Luft schleuderte, verstand ich nur zwei, weil er sie ständig wiederholte: »Juden raus!« Ich ging zu ihm hinüber und sagte auf Englisch in bemüht ruhigem Ton: »Ich bin Jude. Du willst mich hier rauswerfen? Komm, mach es doch, wirf mich raus.« Der Deutsche, der kein Wort Englisch verstand, schrie weiterhin auf Deutsch, und gleich darauf stießen wir uns gegenseitig hin und her. Mein Verleger versuchte, sich einzumischen und bat mich, mich wieder zu setzen. »Du verstehst nicht«, sagte er. Aber ich blieb standhaft. Ich dachte, ich verstünde sehr gut; ja als ein Mann der zweiten Generation, als Kind von Holocaust-Überlebenden, hatte ich das Gefühl, dass ich besser verstand, was hier vorging, als irgendeiner der ruhig bleibenden Restaurantgäste. Irgendwann zerrten uns die Kellner auseinander, und der wütende Betrunkene wurde hinausgeworfen. Ich ging zurück zum Tisch. Mein Essen war kalt, aber ich war ohnehin nicht mehr hungrig. Während wir auf die Rechnung warteten, erklärte mein Verleger mit tiefer, leiser Stimme, dass der wütende Betrunkene sich darüber beschwert hatte, dass das Auto eines anderen Gastes seinen Wagen blockiert hätte. Die Worte, die für mich wie »Juden raus« geklungen hatten, waren eigentlich: »Jeder raus« gewesen. Als die Rechnung kam, bestand ich darauf zu bezahlen. Reparationen für ein anderes Deutschland, wenn man so will. Was soll ich tun? Auch heute noch versetzt mich jedes zweite deutsche Wort in die Defensive.

Aber wie man so sagt: ›Nur weil du paranoid bist, heißt das noch nicht, dass keiner hinter dir her ist.‹ In den zwanzig Jahren, die ich jetzt schon die Welt bereise, habe ich eine Menge echter antisemitischer Erfahrungen gesammelt, die nicht durch Aussprachefehler wegerklärt werden können.

Zum Beispiel war da der Ungar, der in einer Bar nach einer Literaturveranstaltung darauf bestand, mir den riesigen Adler zu zeigen, der auf seinem Rücken tätowiert war. Er sagte, dass sein Großvater dreihundert Juden im Holocaust getötet habe, und er selbst hoffe, sich eines Tages einer ähnlichen Zahl rühmen zu können.

In einer kleinen, friedlichen ostdeutschen Stadt erzählte mir ein beschwipster Schauspieler, der zwei Stunden zuvor einige meiner Geschichten vorgelesen hatte, dass Antisemitismus zwar eine schreckliche Sache sei, dass man aber auch nicht leugnen könne, dass das unerträgliche Verhalten der Juden in der Weltgeschichte das Seine dazu beigetragen habe, das Feuer zu schüren.

Ein Mitarbeiter in einem französischen Hotel sagte mir und dem arabisch-israelischen Schriftsteller Sayed

Kashua, dass, wenn es nach ihm ginge, das Hotel keine Juden als Gäste akzeptieren würde. Den Rest des Abends musste ich Sayeds Murren darüber anhören, dass er, als wären zweiundvierzig Jahre zionistische Okkupation nicht genug, jetzt auch noch die Kränkung ertragen musste, für einen Juden gehalten zu werden.

Und vor nur einer Woche fragte mich jemand aus dem Publikum auf einem polnischen Literaturfestival, ob ich mich dafür schämen würde, ein Jude zu sein. Ich gab ihm eine logische, wohlüberlegte Antwort, die nicht im mindesten emotional war. Das Publikum, das aufmerksam zugehört hatte, applaudierte. Doch später, in meinem Hotelzimmer, fiel mir das Einschlafen schwer.

Nichts kann den inneren Juden so gut in seine Schranken weisen wie ein paar gute Khamsin-Windböen im November. Das direkte Sonnenlicht des Nahen Ostens brennt einem alle Spuren der Diaspora aus. Mein bester Freund Uzi und ich sitzen am Gordon Beach in Tel Aviv. Neben ihm sitzen Krista und Renate. »Verratet es mir nicht!«, sagt Uzi und versucht, seine anschwellende Geilheit hinter erfolgloser Telepathie zu verbergen. »Ihr seid aus Schweden.«

»Nein«, lacht Renate. »Wir sind aus Düsseldorf. Deutschland. Kennt ihr Deutschland?«

»Klar.« Uzi nickt enthusiastisch. »Kraftwerk. Modern Talking. Nietzsche. BMW. Bayern München ...«

Er zermartert sich vergebens den Kopf nach noch ein paar deutschen Assoziationen. »Hey, du!«, sagt er zu mir. »Wofür haben wir dich jahrelang studieren lassen! Wie wäre es, wenn du auch was zum Gespräch beiträgst?«

Requiem für einen Traum

Alles begann mit einem Traum. Eine Menge Ärger in meinem Leben hat mit Träumen angefangen. In diesem Traum war ich in einem Bahnhof in einer seltsamen Stadt hinter der Theke eines Hot-Dog-Standes. Um mich drängte sich eine Horde ungeduldiger Reisender. Sie waren alle hektisch und aufgeregt. Sie wollten unbedingt Hot-Dogs, und sie hatten Angst, ihren Zug zu verpassen. Sie brüllten Bestellungen auf mich ein, in einer Sprache, die wie eine furchterregende Mischung aus Deutsch und Japanisch klang. Ich antwortete ihnen in der gleichen nervenzerrüttenden Sprache. Sie versuchten, mich zur Eile anzutreiben, und ich tat mein Bestes. Mein Hemd war so schlimm mit Senf, Sauce und Sauerkraut bedeckt, dass die wenigen Stellen, an denen man noch das ursprüngliche Weiß sehen konnte, wie Flecken aussahen. Sie blickten mich mit den hungrigen Augen von Raubtieren an. Ihre Bestellungen in unverständlicher Sprache klangen mehr und mehr bedrohlich. Meine Hände begannen zu zittern. Salziger Schweiß tropfte von meiner Stirn auf die Hot-Dogs. Dann wachte ich auf.

Zum ersten Mal hatte ich diesen Traum vor fünf Jahren. Mitten in der Nacht, nachdem ich schweißbedeckt aus dem Bett gestiegen war, beruhigte ich mich bei einem Glas Eistee und sah eine Episode von *The Wire* an. Nicht, dass ich nicht zuvor schon schlechte Träume gehabt hätte, aber als ich sah, dass dieser spezielle Traum sich in meinem Unbewussten heimisch machte, wusste ich, dass ich ein Problem hatte, das sogar die überzeugende Kombination von Eistee und Officer Jimmy McNulty nicht lösen würde.

Der berühmte Traum- und Hot-Dog-Experte Uzi hatte sofort eine Deutung parat: »Du bist die zweite Generation. Deine Eltern wurden gezwungen, über Nacht ihr Land zu verlassen, ihre Heimat und ihre natürliche soziale Umgebung. Diese verunsichernde Erfahrung ist aus dem beunruhigten Unbewussten deiner Eltern in deines gesickert, das ohnehin von Anfang an beunruhigt war. Dazu kommt noch die instabile Realität unseres Lebens im Nahen Osten und der Umstand, dass du ein junger Vater bist. Rühr das alles um, und was kriegst du? Einen Traum, der all diese Ängste umfasst: die Angst vor Entwurzelung, die Angst davor, an einem seltsamen, fremden Ort anzukommen, und die Angst, eine dir nicht vertraute und nicht angemessene Arbeit machen zu müssen. Hier hast du all das in einem.«

»Das ergibt Sinn«, sagte ich. »Aber was soll ich tun, damit der Albtraum nicht zurückkommt? Zu einem Psychologen gehen?«

»Das wird nicht helfen«, sagte er. »Was wird dir der schon sagen? Dass deine Eltern in Wirklichkeit gar nicht von den Nazis verfolgt wurden und dass es überhaupt keine Chance gibt, dass Israel zerstört wird und du ein Flüchtling wirst? Dass du trotz deiner Ungeschicklichkeit ein ganz guter Hot-Dog-Verkäufer sein könntest? Was du brauchst, sind nicht ein paar Lügen von einem Doktor der klinischen Psychologie. Du brauchst eine echte Lösung: einen Notgroschen auf einer ausländischen Bank. Jeder macht das. Ich habe gerade in der Zeitung gelesen, dass ausländische Bankkonten, ausländische Pässe und Allradgetriebe die drei Trends dieses Sommers sind.«

»Und das wird funktionieren?«, fragte ich.

»Wie ein Wunder«, versprach Uzi. »Es wird dem Traum helfen und der Wirklichkeit auch. Es wird nicht verhindern, dass du ein Flüchtling wirst, aber wenigstens wirst du ein Flüchtling mit einem Bündel Habseligkeiten sein. Einer von der Art, der, sogar wenn es ihn an einen Hot-Dog-Stand an einem Bahnhof in Japandeutschland verschlägt, noch genug Geld hat, um einen anderen Flüchtling mit noch mehr Pech anzuheuern, Sauerkraut in die Brote zu stopfen.«

Die schlimme Lage von Flüchtlingen auszunützen

war eigentlich keine Idee, die mir zusagte. Aber nach ein paar weiteren nächtlichen Besuchen am Hot-Dog-Stand entschied ich mich, es zu probieren. Im Internet fand ich die nette Website einer australischen Bank mit einem Werbevideo, das nicht nur atemberaubende Landschaften zeigte, sondern auch eine lächelnde Bankangestellte, die wie Julia Roberts nettere Schwester aussah und mich aufforderte, mein Geld bei ihnen zu deponieren.

Uzi zerstörte die Idee sofort. »In zehn Jahren gibt es überhaupt kein Australien mehr. Wenn das Loch in der Ozonschicht nicht dafür sorgt, dann wird es die chinesische Okkupation tun. Daran gibt es keinen Zweifel. Mein Cousin arbeitet im Mossad, Pazifikdivision. Schau lieber nach Europa. Jedes Land außer Russland und der Schweiz.«

»Was ist denn dort das Problem?«

»Die russische Wirtschaft ist instabil«, erklärte Uzi und nahm einen Bissen Falafel. »Und die Schweizer … Ich weiß nicht. Ich mag die nicht. Die sind irgendwie kalt, wenn du weißt, was ich meine.«

Schließlich fand ich eine nette Bank auf den Ärmelkanalinseln. Die Wahrheit ist, dass ich zuvor gar nicht gewusst hatte, dass es im Ärmelkanal Inseln gibt. Und es kann durchaus sein, dass im Worst-Case-Szenario eines Weltkriegs die bösen Leute, die die Welt erobern, auch nicht draufkommen, dass es im Ärmelkanal Inseln gibt, und dass daher sogar im Fall weltweiter Okkupation meine Bank frei bleibt. Der Mann von der Bank, der sich bereit erklärte, mein Geld anzunehmen, hieß Jeffrey, bestand aber darauf, dass ich ihn Jeff nennen sollte. Ein Jahr später wurde er durch jemanden namens John oder Joe ersetzt, und dann war da ein netter Mensch namens Jack. Sie waren alle liebenswürdig und höflich, und wenn sie über meine Aktien und Pfandbriefe und deren sichere Zukunft sprachen, achteten sie darauf, die grammatikalisch korrekte Form der *present perfect tense* zu verwenden, was Uzi und mir noch nie gelungen war. Dadurch fühlte ich mich noch sicherer.

Überall um mich wurden die Streitigkeiten im Nahen Osten aggressiver. Die Grad-Geschosse der Hisbollah trafen Haifa, und Raketen der Hamas zerstörten Gebäude in Ashdod. Aber trotz der betäubenden Explosionen schlief ich wie ein Baby. Nicht, dass ich nichts geträumt hätte, aber ich träumte von der idyllischen Umgebung einer von Wasser umschlossenen Bank und einem Jeffrey oder John oder Jack, der mich in einer Gondel zu ihr brachte. Die Aussicht von der Gondel war wundervoll, neben uns schwammen fliegende Fische, die in menschlichen Stimmen, die ein wenig wie Céline Dion klangen, von der Herrlichkeit und Schönheit meines minütlich wachsenden Investmentportfolios sangen. Laut Uzis Excel-Tabellen war das Konto zu einer Größe angewachsen, bei der ich mindestens zwei Hot-Dog-Stände oder, wenn mir das

lieber wäre, einen solide gebauten Kiosk hätte aufma-
chen können.

Und dann kam der Oktober 2008, und die Fische in
meinem Traum hörten mit dem Singen auf. Nachdem
der Markt zusammengebrochen war, rief ich Jason an,
der den letzten Mann mit J auf der Liste ersetzt hatte,
und fragte ihn, ob er glaubte, dass ich verkaufen solle.
Er sagte, dass ich besser daran täte, noch zu warten.
Ich erinnere mich nicht, wie er es genau sagte, aber
ich weiß noch, dass er wie alle J-Männer davor perfek-
ten Gebrauch vom *present perfect* machte. Zwei Wochen später war mein Vermögen um weitere dreißig
Prozent geschrumpft. In meinen Träumen sah die
Bank noch aus wie zuvor, aber die Gondel hatte sich
weit auf die Seite gelegt, und die fliegenden Fische,
die überhaupt nicht mehr freundlich dreinblickten,
hatten angefangen, zu mir im wohlvertrauten japan-
deutschen Dialekt zu sprechen. Selbst wenn ich es gewollt hätte, hätte ich sie nicht mit einem guten Hot-
Dog bestechen können. Uzis Excel-Tabellen ließen
keinen Zweifel daran, dass ich nicht genug Geld für
einen warmen Mantel und ein Paar Schuhe übrig
hatte. Immer wieder rief ich die Bank an. Zunächst
klang Jason noch optimistisch. Dann wurde er allmählich defensiv, dann einfach gleichgültig. Als ich
ihn fragte, ob er meine Investitionen vor sich hatte
und ob er zu retten versuchte, was noch übrig war, erklärte er mir die Politik der Bank: proaktives Manage-

ment würde für Portfolios von einer Million Dollar oder mehr durchgeführt. Und da wusste ich, dass wir nie mehr zusammen Gondel fahren würden.

»Betrachte es von der positiven Seite«, sagte Uzi und zeigte auf das Bild eines freundlich aussehenden Herrn in der Finanzbeilage. »Wenigstens hast du dein Geld nicht bei Madoff angelegt.« Uzi kam übrigens ohne Schäden durch die Krise; er wettete sein ganzes Geld auf Weizenfelder in Indien oder Waffen in Angola oder Impfstoffe in China. Vor diesem Gespräch hatte ich noch nie von Madoff gehört, aber jetzt wusste ich alles über Bernie und Ruth. Im Rückblick haben wir, wenn man von der Sache mit dem Betrug absieht, eine Menge gemeinsam: zwei ruhelose Juden, die gerne Geschichten erfinden und jahrelang in einer Gondel mit einem Loch im Boden herumgefahren sind. Träumte Madoff auch einmal vor Jahren, dass er an einem Bahnhof Hot-Dogs verkaufte? Hatte vielleicht auch er einen treuen Freund, der ihm unaufhörlich nutzlose Ratschläge gab?

Der Mann im Fernsehen hat gerade bekanntgegeben, dass in der Mitte des Landes der Alarmzustand herrscht und dass es auf einigen Autobahnen Straßensperren gibt. Gerüchten zufolge ist ein Soldat entführt worden. Auf dem Heimweg kaufe ich eine Packung Windeln für Lev und dazu im Videostore ein paar Episoden *The Wire*. Nur zur Sicherheit.

Auf lange Sicht

Der Kapitän mit der angenehmen Stimme entschuldigt sich wieder über den Lautsprecher. Das Flugzeug hätte vor zwei Stunden schon starten sollen, aber wir sind immer noch nicht abgeflogen. »Unsere Crew hat noch nicht herausfinden können, was das Problem mit der Maschine ist, daher müssen wir die Passagiere bitten, von Bord zu gehen. Wir geben Ihnen mehr Informationen, sobald wir können.«

Der dürre junge Mann neben mir sagt: »Ich war das. Ich hab das gemacht. Als wir an Bord gekommen sind, habe ich mit meiner Frau telefoniert, erinnern Sie sich? Sie hat mir gesagt, dass sie mit unserer Tochter auf dem Weg an den Strand ist. Ich sitze also hier mit dem angelegten Sicherheitsgurt und kann nichts anderes denken als: Warum zur Hölle reise ich nach Italien? Warum, statt den Samstag mit meiner Frau und Tochter zu verbringen, fliege ich sechs Stunden, inklusive einmal umsteigen, wegen einer ewig langen Sitzung, von der mein Chef sagt, dass sie wichtig ist? Ich hoffe, die Maschine hat einen Defekt. Ich schwöre, das war, was ich gedacht habe: Ich hoffe, die Maschine hat einen Defekt. Na, und schauen Sie, was passiert ist.«

Als wir zurück ins Terminal gehen, nähert sich ihm eine großgewachsene Frau, die ein geblümtes Kleid trägt und einen sarggroßen Koffer hinter sich herzieht, und fragt, wo wir herkommen. »Ist doch egal, wo wir herkommen«, sagt er und zwinkert mir zu. »Wichtig ist, wohin wir gehen.«

Ein paar Stunden später, als ich den Mittelgang des kleinen, überfüllten Ersatzflugzeugs entlanggehe, das mich nach Rom bringen wird, von wo ich weiter nach Sizilien fliegen soll, fällt mir auf, dass der dürre Mann nicht mehr da ist. Den ganzen Flug hindurch werde ich mir vorstellen, wie er jetzt am Strand von Tel Aviv mit Frau und Kind Sandburgen baut, und ich werde eifersüchtig sein.

Auch ich habe eine Frau und einen kleinen Jungen, die in Tel Aviv auf mich warten. Von Anfang an war diese Reise wirklich ungünstig für mich, und sie wird gerade mit jeder Minute Verspätung noch weniger erfreulich. Samstagabend soll ich an einer Veranstaltung bei einem kleinen sizilianischen Buchfestival in Taormina teilnehmen. Als die Organisatoren mich eingeladen haben, habe ich zugesagt, weil ich dachte, ich könnte meine Familie mitnehmen, aber vor einigen Wochen fiel meiner Frau auf, dass sie zu dem Zeitpunkt schon eine ältere Verpflichtung hatte, und ich saß fest mit meinem Versprechen, am Festival teilzunehmen. Die Reise, ursprünglich für eine ganze Woche geplant, würde nun auf zwei Tage verkürzt werden, und jetzt stellt sich heraus, dass ich die Hälfte dieser zwei Tage wegen der übernatürlichen Kräfte eines dürren jungen Mannes, der mit seinem Kind im Sand spielen will, in Flughäfen verschwenden werde.

Wegen der Verspätung verpasse ich meinen Anschlussflug von Rom nach Catania. Als ich endlich auf der Insel ankomme, steht noch eine lange Fahrt nach Taormina bevor, und als ich das Hotel erreiche, ist es schon dunkel. Ein schnurrbärtiger Rezeptionist gibt mir den Schlüssel zu meinem Zimmer. Auf der Couch in der Lobby schläft ein niedlicher kleiner Junge von etwa sieben Jahren, der genau wie der Rezeptionist aussieht, nur ohne Schnurrbart. Ich gehe ins Bett, ohne mich vorher auszuziehen, und schlafe ein.

Die Nacht vergeht in einem langen, traumlosen Moment, aber der Morgen macht alles wieder gut. Ich öffne das Fenster und befinde mich in einem Traum: Vor mir erstreckt sich eine wundervolle Landschaft mit Strand und steinernen Häusern. Ein langer Spaziergang und ein paar Unterhaltungen in gebrochenem Englisch mit einer Menge großer, enthusiastischer Handbewegungen verstärken in mir das unwirkliche Gefühl des Ortes. Schließlich kenne ich dieses Meer gut: Es ist dasselbe Mittelmeer, das nur fünf Minuten

Fußweg von meinem Haus in Tel Aviv entfernt liegt. Aber die Einwohner strahlen hier eine Ruhe und einen Frieden aus, wie ich es noch nie erlebt habe. Dasselbe Meer, doch ohne die erschreckende dunkle existentielle Wolke, von der ich gewöhnt bin, sie darüber hängen zu sehen. Vielleicht ist es das, was Shimon Peres meinte, wenn er in alten, unschuldigeren Zeiten über »den neuen Nahen Osten« sprach.

Das hier ist Taorminas erstes Literaturfestival. Die Leute vom Organisationsteam sind extrem nett, und die Atmosphäre ist entspannt: Das Festival scheint alles zu haben, außer Publikum. Nicht, dass ich es den Einwohnern der Stadt verübeln könnte: Wenn man in der Mitte eines heißen Juli im Herzen eines solchen Paradieses ist –, würde man dann den Tag lieber an einem der schönsten Strände der Welt verbringen oder in einem von Mücken wimmelnden öffentlichen Garten, wo einem ein Schriftsteller mit wirren Haaren, der Englisch mit seltsamem Akzent spricht, den Verstand betäubt?

Aber in der harmonischen Atmosphäre von Taormina wird auch ein kleines Publikum nicht als Versagen empfunden. Ich vermute, dass diese freundlichen Menschen, die so ein schönes, melodisches Italienisch sprechen und in so herrlicher Umgebung leben, sogar Pestfurunkel mit einem verständnisvollen Lächeln akzeptieren könnten. Nach der Veranstaltung zeigt ein freundlich gestimmter englischer Übersetzer auf das dunkle Meer und sagt mir, dass man am Tag von hier aus das italienische Festland sehen kann. »Sehen Sie die Lichter dort?«, fragt er und weist auf ein paar flackernde Pünktchen. »Das ist Reggio Calabria, die südlichste Stadt in Italien.«

Als Kind haben mir meine Eltern Gutenachtgeschichten erzählt. Im Zweiten Weltkrieg wurden die Geschichten, welche ihnen *ihre* Eltern erzählten, nicht aus Büchern vorgelesen, weil man keine bekommen konnte, sondern sie hatten die Geschichten selbst erfunden. Nun, da sie selbst Eltern waren, führten sie diese Tradition fort, und schon von klein auf war ich stolz darauf, dass die Einschlafgeschichten, die ich jede Nacht hörte, in keinem Geschäft zu haben waren; sie gehörten nur mir. Die Geschichten meiner Mutter handelten immer von Zwergen und Feen, während es in denen meines Vaters um die Zeit zwischen 1946 und 1948 ging, als er in Süditalien gelebt hatte.

Seine Kameraden hatten ihn ausgeschickt, um Waffen für sie zu kaufen, und nachdem er herumgefragt und ein paar Beziehungen ausgenützt hatte, fand sich mein Vater am Südzipfel Italiens, von dem aus man die sizilianische Küste sehen konnte – Reggio Calabria. Dort hatte er Umgang mit der örtlichen Mafia und überredete sie schließlich, ihm Gewehre zu verkaufen, mit denen der Irgun gegen die Engländer kämpfen konnte. Da er kein Geld hatte, um eine Wohnung zu mieten, bot ihm die Mafia freie Unterkunft in einem

Bordell an, das ihr gehörte. Offenbar wurde es die beste Zeit seines Lebens.

Die Helden der Gutenachtgeschichten meines Vaters waren immer Trinker und Prostituierte, und als Kind hatte ich sie sehr, sehr gern. Ich wusste noch nicht, was ein Trinker und eine Prostituierte eigentlich waren, aber ich erkannte Magie, wenn ich sie sah, und die Geschichten meines Vaters waren voller Magie und Mitgefühl. Und jetzt, über sechzig Jahre später, stehe ich also hier, nicht weit von der Welt der Geschichten meiner Kindheit. Ich versuche, mir vorzustellen, wie mein Vater nach dem Krieg mit neunzehn an diesen Ort kommt, der trotz seiner Kümmernisse und dunklen Winkel solchen Frieden und solche Ruhe ausstrahlt. Man kann sich gut vorstellen, wie ihm seine neuen Bekannten aus der Unterwelt im Vergleich zu den Schrecken und Grausamkeiten, die er während des Krieges miterlebt hat, glücklich und sogar voll Mitgefühl erscheinen. Er geht die Straße entlang, lächelnde Gesichter wünschen ihm in wohlklingendem Italienisch einen guten Tag, und zum ersten Mal in seinem erwachsenen Leben muss er keine Angst haben und nicht verstecken, dass er Jude ist.

Wenn ich versuche, die Gutenachtgeschichten zu rekonstruieren, die mir mein Vater vor Jahren erzählt hat, wird mir klar, dass sie mir über ihre faszinierenden Handlungsverläufe hinaus etwas haben beibringen sollen. Etwas über das fast schon verzweifelte menschliche Bedürfnis, das Gute auch noch an den unwahrscheinlichsten Orten zu finden. Etwas über die Sehnsucht, nicht etwa die Wirklichkeit schöner zu machen, sondern nicht darin nachzulassen, nach einer Perspektive zu suchen, die die Hässlichkeit in besserem Licht erscheinen lässt und Zuneigung und Mitleid weckt für jede Warze und Falte auf ihrem vernarbten Gesicht. Hier in Sizilien, dreiundsechzig Jahre nachdem mein Vater es verlassen hat, scheint mir, während ich auf ein Dutzend faszinierte Augenpaare und eine Menge leerer Plastikstühle blicke, diese Mission plötzlich erfüllbarer als je zuvor.

JAHR 3

Entscheidung am Spielplatz

Ich will nicht prahlen, aber ich habe es fertiggebracht, einen mythischen Status unter den Eltern zu gewinnen, die ihre Kinder zum Ezekiel Park bringen, dem liebsten Ort meines Sohnes in ganz Tel Aviv. Ich kann diesen Triumph nicht irgendeinem speziellen Charisma zuschreiben, das ich besäße, sondern nur zwei gewöhnlichen, glanzlosen Eigenschaften: Ich bin ein Mann, und ich arbeite selten. Und so habe ich mir im Ezekiel Park den Namen »ha-abba« oder »der Vater« erworben, ein fast religiöser und eher nichtjüdischer Spitzname, den alle Stammgäste des Parks mit großem Respekt aussprechen. Es scheint, dass die meisten Väter meiner Gegend jeden Morgen zur Arbeit gehen, so dass die angeborene Faulheit, die mich schon so viele Jahre plagt, nun endlich als außergewöhnliche Sensitivität und Zuneigung gedeutet wird, als ein tiefes Verständnis für zarte junge Kinderseelen.

Als »der Vater« kann ich aktiv an Gesprächen über eine große Zahl von Themen teilnehmen, die mir noch vor kurzem fremd waren, und ich kann mein Wissen in Bereichen wie Stillen, Brustpumpen und den Vor- und Nachteilen von Tuchwindeln versus Wegwerf- windeln erweitern. Es liegt etwas fast schon pervers Beruhigendes darin, solche Dinge zu besprechen. Für einen gestressten Juden, der sein momentanes Über- leben für einen bemerkenswerten und nicht im min- desten trivialen Umstand hält und dessen tägliche Google Alerts sich auf das schmale Territorium zwi- schen *nukleare Entwicklung im Iran* und *Juden + Ge- nozid* beschränken, gibt es nichts Erfreulicheres als einige ruhige Stunden, die er damit verbringen kann, das Sterilisieren von Flaschen mit Bioseife oder den rosaroten Ausschlag an Babyhintern zu besprechen. Aber diese Woche war es mit dem Zauber vorbei, und die politische Wirklichkeit schlich in mein privates Paradies.

»Sag mal«, fragte Orit, die Mutter des dreijährigen Ron, unschuldig, »wird Lev in die Armee eintreten, wenn er groß ist?«

Die Frage traf mich völlig unvorbereitet. In den letz- ten drei Jahren musste ich mich immer wieder mit spekulativen Fragen nach der Zukunft meines Sohnes beschäftigen, aber die meisten waren von der eher läs- tigen als bedrohlichen Würdest-du-ihm-raten-Künst- ler-zu-werden-obgleich-das-wenn-man-danach-urteilt- wie-du-angezogen-bist-nicht-viel-Geld-einzubringen- scheint-Art. Aber die Frage nach der Armee stieß mich in eine andere, surreale Welt, in der ich Dutzende ro-

buste Babys sah, gehüllt in umweltfreundliche Stoff-
windeln, die auf winzigen Ponys die Berge herunter-
galoppierten, mit ihren kleinen rosa Händen Waffen
schwangen und mörderische Schlachtrufe ausstießen.
Und als ihr Gegner steht da allein der rundliche kleine
Lev in verdreckter Tarnkleidung und einer Waffen-
weste. Ein grüner Stahlhelm, etwas zu groß, rutscht
ihm über die Augen, und er umklammert mit seinen
kleinen Händen ein Gewehr mit Bajonett. Die erste
Welle der windelbekleideten Reiter hat ihn fast schon
erreicht. Er presst das Gewehr gegen seine Schulter
und schließt ein Auge zum Zielen …

»Also was sagst du?« Orit weckte mich aus meinen
unerfreulichen Träumereien. »Lässt du ihn in der Armee dienen oder nicht? Sag nicht, ihr habt noch nicht
darüber gesprochen.« Etwas Anklagendes lag in ihrem Ton, als wäre der Umstand, dass meine Frau und
ich noch nicht die militärische Zukunft unseres Babys besprochen haben, ungefähr so drastisch, wie
wenn wir seine Masernimpfung ausgelassen hätten.
Ich weigerte mich, den Schuldgefühlen nachzugeben,
zu denen ich sonst so sehr neige, und antwortete, ohne
zu zögern: »Nein, wir haben nicht darüber gesprochen. Wir haben noch Zeit. Er ist drei Jahre alt.«

»Wenn du denkst, dass du noch Zeit hast, dann
nimm sie dir ruhig«, schnappte Orit sarkastisch zurück. »Reuven und ich haben uns schon entschieden,
was Ron angeht. Er wird nicht zur Armee gehen.«

Als wir am selben Abend vor den Fernsehnachrichten saßen, erzählte ich meiner Frau von dem seltsamen Vorkommnis im Ezekiel Park. »Ist das nicht verrückt«, sagte ich, »darüber zu sprechen, ob ein Kind rekrutiert wird, das noch nicht mal allein seine Unterhosen anziehen kann?«

»Das ist gar nicht verrückt«, antwortete meine Frau. »Das ist natürlich. Alle Mütter im Park sprechen mit mir darüber.«

»Und woher kommt es, dass sie zu mir noch nichts darüber gesagt haben?«

»Weil du ein Mann bist.«

»Na und? Sie haben nichts dagegen, mit mir übers Stillen zu sprechen!«

»Weil sie wissen, dass du beim Stillen verständnisvoll und mitfühlend sein wirst, dass du aber nur schroff sein wirst, wenn es um den Dienst in der Armee geht.«

»Ich war nicht schroff!«, verteidigte ich mich. »Ich habe nur gesagt, dass es ein eigenartiges Thema ist, um sich damit zu beschäftigen, wenn ein Kind noch so jung ist.«

»Ich habe mich seit dem Tag von Levs Geburt damit beschäftigt«, gestand meine Frau. »Und da wir es jetzt ohnehin gerade diskutieren, ich möchte nicht, dass er zur Armee geht.«

Ich schwieg. Ich weiß aus Erfahrung, dass es Situationen gibt, in denen es besser ist, still zu sein. Genau genommen versuchte ich, still zu sein. Das Leben gibt mir gute Ratschläge, aber manchmal weigere ich mich, sie anzunehmen. »Ich finde, dass es ganz schön bevormundend ist, so etwas zu sagen«, antwortete ich. »Schließlich wird er am Ende diese Dinge selbst entscheiden müssen.«

»Lieber bevormunde ich ihn«, antwortete meine Frau, »als dass ich in fünfzehn Jahren an einem Militärbegräbnis auf dem Ölberg teilnehmen muss. Wenn es bevormundend ist, seinen Sohn daran zu hindern, sein Leben zu riskieren, dann bin ich eben bevormundend.«

Nun hatte der Streit sich aufgeheizt. Ich schaltete das Fernsehen ab. »Du müsstest dich mal hören«, sagte ich. »Du klingst, als wäre der Dienst in der Armee ein Extremsport. Aber was können wir schon tun? Wir leben in einem Teil der Welt, in dem unser Leben davon abhängt. Was du tatsächlich hier sagst, ist, dass es dir lieber ist, wenn die Kinder anderer Leute zur Armee gehen und ihr Leben opfern, während Lev hier fröhlich dahinlebt, ohne etwas zu riskieren und ohne die Verpflichtungen zu übernehmen, welche die Situation verlangt!«

»Nein«, antwortete meine Frau. »Ich sage, dass wir schon vor langer Zeit eine friedliche Lösung hätten erreichen können und dass das auch immer noch möglich ist. Und dass unsere Führer sich erlauben, das nicht zu tun, weil sie wissen, dass die meisten

Leute wie du sind: Sie zögern nicht, die Leben ihrer Kinder in die unverantwortlichen Hände der Regierung zu legen.«

Ich wollte gerade antworten, als ich fühlte, dass mich ein weiteres Paar großer Augen ansah. Lev stand in der Wohnzimmertür. »Papa«, fragte er, »warum streiten du und Mami?«

»Wir streiten nicht wirklich«, sagte ich im Versuch, schnell eine Ausrede zu finden. »Das ist kein *echter* Streit, das ist nur eine Übung.«

Seit dem Gespräch mit Orit hat keine der Mütter im Park mehr mit mir über Levs Militärdienst gesprochen. Aber ich kann noch immer das Bild von ihm mit Uniform und Gewehr nicht aus dem Kopf bekommen. Gestern erst habe ich gesehen, wie er Orits Peacenik von einem Sohn geschubst hat, und später, auf dem Heimweg, hat er eine Katze mit einem Stock verfolgt. »Fang schon mal zu sparen an, Papa«, sage ich mir selbst. »Spare für einen Verteidiger. Du ziehst hier nicht bloß einen Soldaten auf, sondern einen potentiellen Kriegsverbrecher.« Ich würde diese Gedanken gern meiner Frau mitteilen, aber nachdem wir gerade erst den letzten Streit überstanden haben, will ich nicht schon wieder einen neuen beginnen.

Wir brachten es fertig, unsere Meinungsverschiedenheit mit einer Art Abkommen zu beenden. Zunächst schlug ich eine faire Übereinkunft vor: Wir lassen das Kind selbst entscheiden, wenn es achtzehn ist.

Aber meine Frau wies das sofort zurück und berief sich darauf, dass er bei all dem sozialen Druck niemals imstande sein würde, eine wirklich freie Wahl zu treffen. Am Ende, aus reiner Erschöpfung und in Ermangelung einer besseren Lösung, entschieden wir uns zu einem Kompromiss über das einzige Prinzip, über das wir uns wirklich einig waren: Wir würden uns bis zu seinem achtzehnten Lebensjahr darum bemühen, entweder in der Region oder in unserer Familie Frieden zu schaffen.

Schwedenträume

Mein Besuch bei der Göteborger Buchmesse letzte Woche hatte einen aufreibenden Beginn. Mehrere Wochen bevor ich in der friedlichen Stadt ankam, die stolz darauf ist, dass sie Nordeuropas größten Vergnügungspark hat, hatte ein lokales Boulevardblatt einen Artikel gebracht, der Israel beschuldigte, den von der israelischen Armee getöteten Palästinensern Organe zu stehlen. Der Artikel machte einen beeindruckenden logischen Quantensprung, indem er den unbewiesenen Vorwurf eines Verbrechens, das die israelische Armee angeblich in den frühen neunziger Jahren begangen haben sollte, mit einem Rabbi aus New Jersey verband, den man verdächtigte, im Jahr 2009 menschliche Organe verkauft zu haben – als wäre eine Lücke von einem Jahrzehnt und Tausenden Meilen nur ein triviales Detail. Das Einzige, was in dem Artikel gefehlt hatte, war ein Rezept für Matze-Brot, gebacken aus dem Blut christlicher Kinder.

Dem absurden Bericht wurde eine nicht weniger absurde Antwort von der israelischen Regierung zuteil, die verlangte, dass der schwedische Premierminister sich dafür entschuldigen solle. Die Schweden verweigerten das natürlich mit Verweis auf die Pressefreiheit, wenn auch die Presse in diesem speziellen Fall nicht von besonders hoher Qualität sei. Israel antwortete augenblicklich mit der unkonventionellen Geheimwaffe, die es für Konflikte solch gewaltiger Größe bereithält: einem Kundenboykott von IKEA. Just in der Mitte dieses hyperventilierten politischen Sturms geschah es nun, dass der Autor dieser Zeilen Rosh Hashanah mit einem Publikum höflicher schwedischer Leser zubrachte, die ihm überschwänglich für seine Geschichten dankten, aber während der Signierstunde immer auch ein Auge offen hielten, damit er den Moment nicht nutzen konnte, um eine oder zwei Nieren zu klauen.

Mein wahres schwedisches Drama jedoch begann, als mir klar wurde, dass die Gefahr bestand, dass ich es womöglich nicht vor Yom Kippur zurück nach Israel schaffen würde. Ich habe nicht wenige Feiertage außerhalb Israels verbracht, und trotz des weinerlich selbstmitleidigen Gesichtes, das ich dann den Menschen um mich zeige, muss ich doch zugeben, dass ich es oft als Erleichterung empfunden habe, einen Unabhängigkeitstag ohne eine Leistungsschau von Kampfflugzeugen über meinem Kopf zu verbringen oder einen Shavuot-Abend, an dem keine Onkel und Tanten beleidigt sind, weil ich ihre Einladungen zum

Feiertagsessen abgelehnt habe. Aber ich habe stets mein Möglichstes getan, um zu Yom Kippur in Israel zu sein. All die Jahre, mein ganzes Leben.

In der Nacht, nachdem das Problem meines Rückflugs – mit Hilfe eines schlauen Mitarbeiters des Reisebüros meines Gastgebers – gelöst worden war, lud ich alle ein, unseren Erfolg in einem schwedischen Restaurant zu feiern, das aus irgendeinem Grund »Krakow« hieß und natürlich für seine riesige Auswahl an tschechischen Bieren berühmt war. »Jetzt, da alles geklappt hat, kannst du uns vielleicht erklären, was an diesem Feiertag so besonders ist«, sagte mein junger schwedischer Verleger. Und so versuchte ich, den Bauch voll kaltem Kartoffelsalat und Fassbier, einigen halbbetrunkenen Schweden aus dem Literaturbetrieb zu erklären, was Yom Kippur ist.

Die Schweden lauschten und waren fasziniert. Die Vorstellung eines Tages, an dem keine motorisierten Fahrzeuge durch die Städte fahren, an dem die Menschen ohne ihre Geldbörsen umhergehen und alle Geschäfte geschlossen sind, ein Tag, an dem es keine Fernsehsendungen gibt und an dem nicht einmal Websites Updates bekommen – das klang für sie eher nach einem innovativen Konzept von Naomi Klein als nach einem uralten jüdischen Feiertag. Der Umstand, dass es zudem ein Tag ist, an dem man andere um Vergebung bitten und eine moralische Bestandsaufnahme durchführen soll, fügte dem Antikonsum-Aspekt sogar noch ein Upgrade in Form eines Hauchs von Sechziger-Jahre-Hippietum hinzu. Und die Sache mit dem Fasten klang wie eine extreme Version jener modischen kohlehydratarmen Diät, von der sie erst diesen Morgen so begeistert gesprochen hatten. Ich, der ich begonnen hatte, in meinem gebrochenen Englisch das älteste jüdische Ritual überhaupt zu erklären, machte nun also unversehens PR für den coolsten und beliebtesten Feiertag des Universums, für das iPhone unter den Feiertagen.

An dieser Stelle waren die erstaunten Schweden bereits verzehrt vom Neid auf mich, weil ich in eine so wunderbare Religion hineingeboren worden war. Ihre Blicke tanzten durch das Restaurant, als suchten sie nach einem Beschneider, der ihnen einen guten Preis machen würde.

Sechsundzwanzig Stunden später schlenderte ich mit meiner Frau in der Mitte von einer von Tel Avivs meistfrequentierten Hauptverkehrsstraßen. Hinter uns fuhr unser kleiner Sohn sein Fahrrad mit den Stützrädern. Über uns zwitscherten Vögel ihr morgendliches Lied. Ich habe praktisch mein ganzes Erwachsenenleben auf dieser Straße verbracht, aber nur an Yom Kippur höre ich diese Vögel.

»Papa«, fragte mein Sohn, während er keuchend in die Pedale trat. »Morgen ist auch Yom Kippur, oder?«

»Nein, mein Sohn. Morgen ist ein ganz normaler Tag.«

Er brach in Tränen aus.

Ich stand in der Straßenmitte und sah dem Kind beim Weinen zu.

»Komm«, flüsterte meine Frau. »Sag was zu ihm!«

»Liebste, da gibt es nichts zu sagen«, flüsterte ich. »Das Kind hat recht.«

Streichholzkrieg

Als letzten Monat die Kämpfe in Gaza begannen, hatte ich plötzlich sehr viel freie Zeit. Die Universität in Beersheba, an der ich unterrichte, lag in Reichweite der von der Hamas abgefeuerten Raketen und musste daher geschlossen werden. Aber nach ein paar Wochen öffnete sie wieder, und am nächsten Tag machte ich wieder die eineinhalbstündige Zugfahrt von Tel Aviv nach Beersheba. Die Hälfte der Studenten waren nicht da – vor allem die aus der Mitte des Landes –, aber jene Hälfte, die in Beersheba selbst lebte, war gekommen. Die Bomben fielen ohnehin auf sie herab, und unter den Studenten hieß es, dass die Seminarräume der Universität besser geschützt seien als die Wohnheime.

Als ich in der Cafeteria meinen Kaffee trank, heulte draußen der Bombenalarm auf. Um zu einem Unterstand zu kommen, war nicht genug Zeit, daher rannte ich mit einigen anderen zu der von dicken Wänden umgebenen und fast fensterlosen Eingangshalle des Universitätsgebäudes. Um mich standen ein paar verängstigte Studenten und ein Dozent mit ernstem Gesicht, der sein Sandwich auf den Zementstufen aufaß, als wäre alles ganz normal. Einige Studenten sagten, dass sie eine Explosion in der Ferne gehört hätten, also wäre es wahrscheinlich schon wieder sicher, in den Seminarraum zurückzugehen. Aber der Dozent wies mit vollem Mund darauf hin, dass manchmal mehr als eine Rakete abgeschossen würde und dass wir besser noch ein paar Minuten warten sollten. Als ich da so wartete, erkannte ich auf einmal Kobi, einen ziemlich irren Jungen aus meiner Kindheit in Ramat Gan, dem die fünfte Klasse so gut gefallen hatte, dass er gleich zwei Jahre darin geblieben war.

Mit zweiundvierzig sah Kobi noch genau wie damals aus. Und dabei war er keineswegs besonders jung geblieben, eher schien er sich schon in der Volksschule aufs mittlere Alter zubewegt zu haben: ein haarig dicker Nacken, ein kräftig gebauter Körper, eine hohe Stirn und der lächelnde, aber auch harte Gesichtsausdruck eines alternden Kindes, das schon einiges über diese dumme Welt gelernt hatte. Im Rückblick schien mir das unter den Schulkollegen umlaufende Gerücht, dass er sich schon rasierte, wohl doch wahr gewesen zu sein.

»Na so etwas!« Kobi umarmte mich. »Du hast dich kein bisschen verändert!« Und um ganz exakt zu sein, fügte er hinzu: »Nicht einmal gewachsen bist du seit der Volksschule!«

Während die Leute um uns sich allmählich sicher genug fühlten, um den geschützten Raum zu verlassen, erzählten Kobi und ich einander, was in unseren Leben alles vorgefallen war. »Diese Rakete war ein Glücksfall!«, sagte Kobi. »Überleg mal: Ohne diese Quassam-Rakete wären wir aneinander vorbeigelaufen und hätten uns nicht getroffen.«

Kobi erzählte, dass er nicht in der Nähe wohnte. Er war gekommen, um sich ein wenig umzusehen. Jetzt, da Beersheba in Reichweite der Raketen lag, eröffneten sich bemerkenswerte Immobilien-Perspektiven: Der Wert des Landes würde fallen, der Staat würde zusätzliche Baugenehmigungen ausgeben. Kurz und gut, ein Unternehmer, der die richtigen Karten ausspielte, fände großartige Möglichkeiten.

Zum letzten Mal hatten wir uns vor fast zwanzig Jahren gesehen. Damals gab es auch Raketen, und zwar jene Scuds, die Saddam Hussein auf Ramat Gan regnen ließ. Kobi wohnte noch zu Hause. Ich war zurückgekommen, um bei meinen verstockten Eltern zu sein, die sich weigerten, die Stadt zu verlassen. Kobi nahm unseren Freund Uzi und mich mit ins Apartment seiner Eltern und zeigte uns das, was er sein »Waffen- und Streichholz-Museum« nannte. An den Wänden seines Kinderschlafzimmers hing eine beeindruckende Sammlung von Waffen: Schwerter, Pistolen, sogar Flegel. Darunter standen ein riesiger Eiffelturm und eine Gitarre in Originalgröße, die er beide aus Streichhölzern gebaut hatte. Er erklärte uns, dass das Museum zunächst nur für Waffen da gewesen war. Aber nachdem er gerichtlich verurteilt worden war, weil er Granaten für seine Ausstellung gestohlen hatte, nutzte er den achtmonatigen Gefängnisaufenthalt dafür, den Eiffelturm und die Gitarre zu bauen und der Sammlung hinzuzufügen.

Damals hatte er sich große Sorgen gemacht, dass ein irakischer Raketentreffer seinen Eiffelturm zerstören würde, den zu bauen ihn den Großteil der Gefängniszeit gekostet hatte. Heute sind die Streichholzgebilde immer noch im Haus seiner Eltern, aber Ramat Gan ist außerhalb der Reichweite der Bomben und Raketen. »Soweit es den Streichholz-Eiffelturm betrifft«, sagt Kobi, »hat sich meine Situation in den letzten zwanzig Jahren eindeutig verbessert. Was den Rest angeht, bin ich nicht so sicher.«

Auf der Heimfahrt von Beersheba las ich im Zug eine Zeitung, die jemand auf dem Sitz liegen gelassen hatte. Darin war ein Artikel über die Löwen und Strauße im Zoo von Gaza. Sie litten unter dem Bombardement und waren seit Beginn des Krieges nur unregelmäßig gefüttert worden. Der Kommandant der Brigade wollte einen Löwen in einer Spezialoperation retten und nach Israel transferieren. Die anderen Tiere würden selbst sehen müssen, wo sie blieben. Ein anderer, kleinerer Artikel ohne ein Bild berichtete, dass schon mehr als dreihundert Kinder beim Bombardement von Gaza gestorben waren. Wie die Strauße würden die übrigen Kinder auch sehen müssen, wo sie blieben. Was den Streichholz-Eiffelturm anging, hatte sich unsere Situation tatsächlich unvergleichlich verbessert. Was den Rest angeht, habe ich, wie Kobi, meine Zweifel.

Heldenverehrung

Als ich drei Jahre alt war, hatte ich einen zehnjährigen Bruder, und im tiefsten Herzen hoffte ich, dass ich einmal sein würde wie er. Natürlich hatte ich keine Chance. Mein Bruder hatte schon zwei Schulklassen übersprungen und hatte ein beneidenswertes Verständnis für alles, von Atomphysik übers Computerprogrammieren bis hin zum kyrillischen Alphabet. Ungefähr zu der Zeit begann mein Bruder, sich ernsthaft um mich zu sorgen. Er hatte in *Haaretz* einen Artikel darüber gelesen, dass Leute, die nicht lesen können, vom Arbeitsmarkt ausgeschlossen sind, und es beschäftigte ihn sehr, dass sein geliebter dreijähriger Bruder Schwierigkeiten haben würde, Arbeit zu finden. Daher begann er, mir mit einer von ihm entwickelten »Kaugummimethode« das Lesen und Schreiben beizubringen. Sie funktionierte so: Mein Bruder zeigte auf ein Wort, das ich laut vorlesen musste. Wenn ich es richtig las, gab er mir ein Stück ungekautes Gummi. Wenn ich einen Fehler machte, steckte er sein bereits gekautes Gummi in meine Haare. Die Methode funktionierte mit magischer Perfektion, und im Alter von vier war ich das einzige Kind im Kindergarten, das bereits lesen konnte. Ich war außerdem das einzige Kind, das auf den ersten Blick so aussah, als bekäme es eine Glatze. Aber das ist eine andere Geschichte.

Als ich fünf Jahre alt war, hatte ich einen zwölfjährigen Bruder, der Gott gefunden hatte und in ein religiöses Internat ging, und im tiefsten Herzen hoffte ich, dass ich einmal sein würde wie er. Er redete viel mit mir über Religion. Und ich fand, dass der Midrasch, über den er sprach, das coolste Ding auf der Welt war. Weil er so viele Klassen übersprungen hatte, war er der jüngste Schüler seiner Schule, aber jeder bewunderte ihn. Nicht weil er so klug war – das war im Internat aus irgendeinem Grund nicht weiter wichtig –, sondern weil er so gutherzig und hilfsbereit war. Ich erinnere mich daran, wie ich ihn einmal zu Purim besuchte und jeder Schüler, den wir trafen, sich bei ihm für etwas anderes bedankte: Einem hatte er geholfen, für einen Test zu lernen, einem anderen hatte er ein Transistorradio repariert, damit er heimlich Heavy Metal hören konnte, wieder einem anderen hatte er vor einem wichtigen Fußballspiel ein Paar Sportschuhe geliehen. Er ging in seiner Schule umher wie ein Monarch, der so bescheiden und verträumt war, dass er nicht einmal wusste, dass er von königlichem Geblüt war, und ich folgte in seinem Kielwasser wie ein Prinz, dem sein Adel nur allzu bewusst war. Ich erinnere mich daran, dass ich dachte, diese ganze Sache mit dem Glauben an Gott würde auch Teil meiner Zukunft sein. Schließlich wusste mein Bruder alles, und wenn er an einen Schöpfer glaubte, dann gab es auch einen.

Als ich acht Jahre alt war, hatte ich einen fünfzehnjährigen Bruder, der die Religion hinter sich gelassen hatte und an der Universität Mathematik und Computerwissenschaft studierte, und im tiefsten Herzen hoffte ich, dass ich einmal sein würde wie er. Er teilte eine Wohnung mit seiner bebrillten Freundin, die vierundzwanzig war, was mir aus meiner Kinderperspektive unvorstellbar alt schien. Sie küssten einander und tranken Bier und rauchten Zigaretten, und ich war ganz sicher, dass ich, wenn ich alles richtig machte, in sieben Jahren da sein würde, wo er jetzt war. Ich würde vor der Bar-Ilan-Universität im Gras sitzen und Sandwiches mit gegrilltem Käse aus der Cafeteria essen. Ich würde ebenfalls eine bebrillte Freundin haben, und sie würde mich küssen, mit Zunge und allem, was dazugehörte. Was konnte besser sein?

Als ich vierzehn Jahre alt war, hatte ich einen einundzwanzigjährigen Bruder, der im Libanonkrieg kämpfte. Viele meiner Klassenkameraden hatten Brüder, die in diesem Krieg kämpften, aber meiner war der Einzige, von dem ich wusste, dass er gegen den

Krieg war. Auch als Soldat war er nie begeistert von der Idee, Gewehre abzufeuern und Granaten zu werfen, und besonders wenig begeistert war er von der Idee, Feinde zu töten. Die meiste Zeit tat er, was man ihm befahl, und den Rest der Zeit verbrachte er vor verschiedenen Militärgerichten. Als er wegen »für einen IDF Soldaten ungebührlichen Verhaltens« verurteilt worden war, weil er eine Funkantenne zu einem gigantischen Totempfahl mit Kopf und Adlerschwingen umgebaut hatte, schlichen sich meine Schwester und ich in die weitentfernte Militärbasis im Negev, wo er gefangen gehalten wurde. Wir spielten stundenlang Karten mit ihm und einem anderen Soldaten namens Mosco, der ebenfalls Gefangener war, wenn auch aus etwas weniger kreativen Gründen. Und als ich meinem Bruder dabei zusah, wie er in Armeehosen und mit nacktem Oberkörper ein Wasserfarbenbild von dem Wadi unterhalb der Militärbasis malte, wusste ich, dass ich einmal genau so sein wollte wie er: ein Soldat, der auch in Uniform nie seinen freien Geist vergisst.

Es ist Jahre her, dass ich mich in die Militärbasis meines Bruders geschlichen habe. Inzwischen hat er es fertiggebracht, zu heiraten und sich scheiden zu lassen und wieder zu heiraten. Er hat es fertiggebracht, für erfolgreiche Hightechfirmen zu arbeiten und sie wieder zu verlassen, um sich gemeinsam mit seiner zweiten Frau genau jener Art von sozialen und politischen Aktivitäten zu widmen, die Reporter gern »radikal« nennen – zum Beispiel der Kampf gegen biometrische Datenspeicherung und Polizeibrutalität oder jener für Menschenrechte und die Legalisierung von Marihuana. In der gleichen Zeit habe ich es fertiggebracht, ebenfalls zu wachsen und mich zu verändern, so dass abgesehen von der Liebe, die wir immer füreinander empfunden haben, die einzige Konstante in unserer Beziehung die Lücke von sieben Jahren zwischen uns ist. Während dieser langen Reise bin ich wohl nie zu mehr als einem ganz kleinen Teil das geworden, was er vor mir gewesen ist, und irgendwann habe ich auch aufgehört, es zu versuchen. Zum Teil weil es sehr schwer ist, dem ungewöhnlichen Weg meines Bruders zu folgen, und zum Teil weil ich mit meinen eigenen Krisen und Verwirrungen fertig werden musste.

Die letzten fünf Jahre haben mein Bruder und seine Frau in Thailand gelebt. Sie haben Websites für israelische und internationale Organisationen entwickelt, die versuchen, unsere Welt ein wenig besser zu machen, und von den bescheidenen Honoraren, die sie für ihre Arbeit bekommen, leben sie sehr gut in ihrer gemütlichen Wohnung in der Stadt Trat. Sie haben keine Klimaanlage, keine Badewanne und keine Toilette mit fließendem Wasser, aber sie haben jede Menge guter Freunde und Nachbarn, die das beste Essen auf der Welt machen und sich immer darüber freuen, wenn sie sie besuchen oder bei sich bewirten können. Vor vier Wochen flogen meine Frau, Lev und ich zu ihnen, um ihr neues Heim anzuschauen. Während wir dort waren, machten wir eine Elefanten-Tour, auf der der Elefant meines Bruders nur wenige Schritte vor meinem Elefanten ging. Ich sah, wie der Treiber meinem Bruder ein Signal gab, dass dieser die Führung des Tieres übernehmen sollte. Und mein Bruder übernahm. Weder schrie er das Tier an, noch trat er es leicht, wie das der lokale Treiber getan hatte. Er beugte sich nur vor und flüsterte etwas in das Ohr des Elefanten. Von meinem Platz sah es aus, als ob der Elefant nickte und sich in die Richtung wendete, die mein Bruder gewünscht hatte. Und in diesem Moment kam es zu mir zurück – das Gefühl, das ich während meiner Kinder- und Jugendjahre gehabt hatte. Der Stolz auf meinen großen Bruder und die Hoffnung, dass ich, wenn ich größer bin, ein wenig sein werde wie er: fähig, Elefanten durch unberührte Wälder zu führen, ohne die Stimme heben zu müssen.

JAHR 4

Gott behüte, dass es besser wird

Ein paar Wochen vor der Geburt unseres Sohnes Lev vor inzwischen fast vier Jahren kamen zwei gewichtige philosophische Fragen auf.

Die erste, »Wird er wie seine Mama oder sein Papa aussehen?«, löste sich schnell und zweifelsfrei bei der Geburt: Er war schön. Oder, wie meine Frau es so treffend ausdrückt: »Das Einzige, was er von dir geerbt hat, sind die Haare auf seinem Rücken.«

Die zweite Frage, »Was wird er sein, wenn er erwachsen ist?«, war die ersten drei Jahre lang ein Thema. Seine schlechte Laune qualifizierte ihn zum Taxifahrer, seine phänomenale Fähigkeit, sich Ausreden einfallen zu lassen, legte nahe, dass er ein guter Rechtsanwalt wäre; und seine nicht erlahmende Fähigkeit, andere zu dominieren, bewies sein Potential als hochrangiges Mitglied so ziemlich jeder totalitären Regierung. Aber in den letzten Monaten hat sich der Nebel um seine Zukunft ein wenig gelichtet. Er wird wahrscheinlich Milchmann, denn sonst könnte seine seltene Fähigkeit, jeden Morgen um halb sechs aufzustehen und sofort auch uns zu wecken, gar nicht nutzbringend eingesetzt werden.

Eines Mittwochs vor zwei Wochen kam die Türglocke unserer Gewohnheit, um halb sechs aufgeweckt zu werden, zuvor. Ich öffnete die Tür in meinen Pyjamahosen. Vor mir stand, weiß wie ein Bettlaken, mein bester Freund Uzi. Während er nervös auf dem Balkon Zigaretten rauchte, erzählte er mir, dass er mit S. zu Abend gegessen hatte, der einst als verrücktes Kind mit uns in die Volksschule gegangen war und jetzt natürlich ein hochrangiger verrückter Offizier war. Während des Nachtischs, als Uzi damit fertig war, mit einem zweifelhaften Immobiliengeschäft zu prahlen, das er gerade abgeschlossen hatte, hatte S. ihm von einem Geheimdossier erzählt, das ihm auf den Schreibtisch gekommen war. Es ging darin um die psychologische Verfasstheit des iranischen Präsidenten. Diesem Dossier zufolge, das von ausländischen Nachrichtendiensten zusammengestellt worden ist, ist Mahmoud Ahmadinejad einer der wenigen lebenden politischen Führer auf der Welt, deren wirkliche Ansichten, geäußert hinter verschlossenen Türen, sogar noch fanatischer sind als jene, die sie in der Öffentlichkeit von sich geben.

»Es ist fast schon das Gegenteil«, hatte S. erklärt. »Weltpolitiker sind Hunde, die bellen aber nicht beißen. Doch bei ihm scheint der Wunsch, Israel vom Angesicht der Erde zu tilgen, noch viel stärker zu sein, als er tatsächlich sagt. Und wie du weißt, sagt er ziemlich viel.«

»Verstehst du?«, fragte Uzi schweißbedeckt. »Dieser verrückte Iraner ist bereit, Israel zu zerstören, sogar wenn es die völlige Vernichtung des Iran bedeutet, weil er das aus panislamischer Perspektive als Sieg sehen würde. Und in ein paar Monaten hat er eine Atombombe. Eine Atombombe! Verstehst du, was für eine Katastrophe es für mich wäre, wenn er sie auf Tel Aviv fallen lässt? Ich vermiete hier 14 Apartments. Hast du je von radioaktiv mutierten Leuten gehört, die pünktlich Miete zahlen?«

»Nimm dich zusammen, Uzi«, sagte ich. »Du bist nicht der Einzige, der darunter leiden würde, wenn wir bombardiert werden. Ich meine, wir haben hier ein Kind und –«

»Ein Kind zahlt keine Miete!«, schrie Uzi. »Ein Kind unterschreibt nicht mit dir einen Mietvertrag, den es ohne Zögern brechen würde, sobald ihm ein drittes Auge wächst!«

»Onkel Uzi«, hörte ich Levs schläfrige Stimme hinter mir. »Kann ich ein drittes Auge kriegen?« An diesem Punkt unseres Gesprächs zündete ich mir auch eine Zigarette an.

Am nächsten Tag, als meine Frau mich bat, den Klempner zu rufen und wegen eines Wasserflecks an unserer Schlafzimmerdecke nach dem Rechten zu sehen, erzählte ich ihr von meiner Unterhaltung mit

Uzi. »Wenn S. recht hat«, sagte ich, »wäre das eine Verschwendung von Zeit und Geld. Warum soll man irgendwas reparieren, wo doch die ganze Stadt in zwei Monaten vernichtet wird?« Ich schlug vor, erst einmal ein halbes Jahr abzuwarten. Wenn wir im März noch da wären, könnten wir immer noch die Decke reparieren. Meine Frau sagte nichts, aber ich konnte ihr ansehen, dass sie den Ernst der gegenwärtigen geopolitischen Lage nicht verstanden hatte.

»Also wenn ich dich recht verstehe, willst du dann auch die Gartenarbeit aufschieben?« Ich nickte. Warum die Zitronenbaumsetzlinge und die Veilchen verschwenden? Im Internet steht, dass sie besonders empfindlich auf radioaktive Strahlung reagieren. Mit Hilfe von Uzis Geheimdienstinformationen brachte ich es fertig, uns eine Menge Hausarbeit zu ersparen. Die einzige Haushaltsarbeit, an der ich mich bereit erklärte teilzunehmen, war die Vernichtung der Küchenschaben, weil sogar der radioaktive Fallout diese Schädlinge nicht aufhält. Nach und nach begriff auch meine Frau die Vorteile unserer heruntergekommenen Existenz. Nachdem sie eine womöglich nicht ganz zuverlässige Website gefunden hatte, die davor warnte, dass der Iran schon Nuklearwaffen besäße, entschied sie, dass es an der Zeit war, mit dem Geschirrwaschen aufzuhören. »Es gibt nichts, was so frustrierend ist, wie ein Atombombentreffer, während man Seife ins Waschwasser gießt. Von heute an waschen wir nur noch das Geschirr, das wir auch sofort verwenden.«

Diese Philosophie des »Wenn ich ohnehin in Flammen aufgehen muss, werde ich wenigstens nicht als Idiot gehen« betraf noch weitere Bereiche jenseits des Geschirrwasch-Edikts. Bald ließen wir das Bodenputzen und Garagenaufräumen sein. Auf den schlauen Rat meiner Frau hin gingen wir zur Bank, um einen großen Kredit aufzunehmen, in Erwartung, dass wir das System überlisten könnten, wenn wir das Geld nur schnell genug aufnähmen. »Sollen sie doch kommen und uns zum Rückzahlen auffordern, wenn das ganze Land zu einem Loch im Boden geworden ist«, lachten wir, als wir wieder in unserem dreckigen Wohnzimmer saßen und auf unseren enormen neuen Plasmafernseher blickten. Wäre es nicht herrlich, wenn es uns wenigstens einmal in unserem kurzen Leben gelingen würde, die Bank zu übervorteilen?

Und dann hatte ich einen Albtraum, in dem Ahmadinejad auf der Straße auf mich zukam, mich umarmte und auf beide Wangen küsste und in fließendem Jiddisch sagte: »Ich hub dir lieb«. Ich weckte meine Frau. Ihr Gesicht war mit Verputz bedeckt. Das Problem mit dem nassen Fleck über dem Bett wurde immer schlimmer. »Was ist los?«, fragte sie erschrocken. »Die Iraner?«

Ich nickte, aber dann versicherte ich ihr schnell, dass es nur im Traum gewesen sei.

»Was? Dass sie uns vernichten?«, fragte sie und streichelte meinen Nacken. »So einen habe ich jede Nacht.«

»Schlimmer«, sagte ich. »Ich habe geträumt, dass wir mit ihnen Frieden schließen.«

Das traf sie hart. »Vielleicht hatte S. unrecht«, flüsterte sie in Panik. »Vielleicht greifen die Iraner doch nicht an. Und wir sitzen in diesem heruntergekommenen, dreckigen Apartment fest, mit den Schulden und mit deinen Studenten, denen du versprochen hast, im Januar die Arbeiten zurückzugeben, mit deren Benotung du noch nicht mal angefangen hast. Und mit diesen Nudniks von Verwandten, die du in Eilat hast, denen wir versprochen haben, sie zu Pesach zu besuchen, weil wir sicher waren, dass bis dahin –«

»Es war nur ein Traum«, versuchte ich, sie aufzuheitern. »Er ist ein Irrer. Das kannst du in seinen Augen sehen.« Aber das war zu wenig und zu spät. Ich umarmte sie, so fest ich konnte, spürte ihre Tränen über meinen Nacken fließen und flüsterte: »Keine Sorge, Liebste. Wir werden es überstehen. Wir haben schon einiges zusammen überstanden – Krankheiten, Kriege, Terrorattacken. Wenn das Schicksal jetzt Frieden für uns bereithält, dann überstehen wir auch das.« Schließlich schlief meine Frau wieder ein, aber für mich war an Schlaf nicht mehr zu denken. Also stand ich auf und putzte das Wohnzimmer. Und gleich morgen früh rufe ich einen Klempner.

Was sagt der Mann?

Schon beim Einsteigen ins Taxi hatte ich ein schlechtes Gefühl. Und zwar nicht weil der Fahrer mich ungeduldig aufforderte, den Sicherheitsgurt des Kindes zu schließen, nachdem ich das längst schon getan hatte, oder weil er, als ich sagte, dass wir nach Ramat Gan wollten, etwas murmelte, das wie ein Fluch klang. Ich nehme oft Taxis, daher bin ich an die schlechte Laune, die Ungeduld, die Achselschweißflecken gewöhnt. Aber etwas an der Art, wie dieser Fahrer sprach, halb gewalttätig und halb weinerlich, machte mich unruhig. Lev war fast vier, und wir waren auf dem Weg zu seiner Großmutter. Im Gegensatz zu mir interessierte er sich nicht für den Fahrer und konzentrierte sich vor allem auf die hohen, hässlichen Gebäude, die am Straßenrand auf ihn herablächelten. Er sang leise »Yellow Submarine«, mit erfundenen Worten, die beinahe wie Englisch klangen, und er wackelte rhythmisch mit seinen kurzen Beinen in der Luft. Dann traf seine rechte Sandale den Plastikaschenbecher des Taxis, so dass dieser zu Boden fiel.

Abgesehen von einem Kaugummipapier war er leer, daher wurde nichts schmutzig. Ich hatte mich schon vorgebeugt, um ihn aufzuheben, als der Fahrer plötzlich bremste, sich umdrehte und zu schreien begann: »Du dummes Kind. Du hast mein Auto zerstört, du Idiot!«

»Sind Sie verrückt, oder was ist los?«, schrie ich den Fahrer an. »Meinen dreijährigen Sohn wegen eines Stücks Plastik anzuschreien? Drehen Sie sich um und fahren Sie weiter, oder, ich schwöre es, nächste Woche werden Sie die Toten in der Abu Kabir Leichenhalle rasieren, weil Sie kein öffentliches Fahrzeug mehr lenken dürfen, verstehen Sie mich?« Als ich sah, dass er etwas sagen wollte, fügte ich hinzu. »Halten Sie jetzt den Mund und fahren Sie.«

Der Fahrer sah mich mit einem hasserfüllten Blick an. Die Möglichkeit, mich ins Gesicht zu schlagen und seinen Job zu verlieren, lag in der Luft. Er erwog es für einen Moment, nahm einen tiefen Atemzug, drehte sich um, schaltete in den ersten Gang und fuhr weiter.

Im Radio des Taxis sang Bobby McFerrin »Don't Worry, Be Happy«, aber ich fühlte mich gar nicht glücklich. Ich sah Lev an. Er weinte nicht, und obgleich wir in einem Stau waren und nur langsam vorankamen, würde es nicht mehr lange bis zu meinem Elternhaus dauern. Ich versuchte, noch einen anderen positiven Aspekt an dieser unerfreulichen Fahrt zu finden, aber es gelang mir nicht. Ich lächelte Lev an und zauste seine Haare. Er sah mich scharf an, aber er lächelte nicht zurück

»Papa«, fragte er. »Was hat der Mann gesagt?«

»Der Mann hat gesagt«, antwortete ich schnell, als wäre es gar nichts, »dass du in einem Auto aufpassen musst, wie du deine Beine bewegst, damit du nichts kaputtmachst.«

Lev nickte, sah aus dem Fenster und fragte nach einer Sekunde: »Und was hast du zu dem Mann gesagt?«

»Ich?«, fragte ich, um ein wenig Zeit zu gewinnen. »Ich habe dem Mann gesagt, dass er völlig recht hat, aber dass er alles, was er zu sagen hat, leise und höflich sagen und nicht schreien soll.«

»Aber du hast ihn angeschrien!«, sagte Lev verwirrt.

»Ich weiß«, sagte ich, »und das war nicht richtig. Und weißt du was? Ich werde mich jetzt entschuldigen.«

Ich lehnte mich nach vorne, so dass mein Mund beinahe den dicken, haarigen Nacken des Fahrers berührte, und sagte laut, ja beinahe deklamierend: »Herr Fahrer, es tut mir leid, dass ich Sie angeschrien habe, das war nicht richtig.« Als ich fertig war, sah ich Lev an und lächelte wieder, oder versuchte es wenigstens. Ich sah aus dem Fenster. Gerade hatten wir den Stau auf der Jabotinsky hinter uns gelassen, der schwere Teil war vorbei.

»Aber Papa«, sagte Lev und legte seine kleine Hand auf mein Knie. »Jetzt muss der Mann auch mir sagen, dass es ihm leidtut.«

Ich sah den verschwitzten Fahrer vor uns an. Es war mir klar, dass er unser ganzes Gespräch hörte. Und noch klarer war, dass es keine gute Idee war, ihn aufzufordern, sich bei einem Dreijährigen zu entschuldigen. Die Lage war auch so schon zum Zerreißen gespannt.

»Mein Lieber«, sagte ich und beugte mich zu Lev hinunter. »Du bist ein kluger kleiner Junge, und du weißt schon viele Dinge über die Welt, aber nicht alles. Und eines der Dinge, die du noch nicht weißt, ist, dass es manchmal das Schwerste auf der Welt ist zu sagen, dass dir etwas leidtut. Und etwas so Schwieriges zu machen, während man ein Auto lenkt, könnte sehr, sehr gefährlich sein. Weil man ja einen Unfall haben könnte, während man zu sagen versucht, dass einem etwas leidtut. Aber weißt du was? Ich glaube nicht, dass wir den Fahrer auffordern müssen zu sagen, dass es ihm leidtut, denn allein schon wenn ich ihn ansehe, kann ich erkennen, dass es ihm leidtut.«

Wir waren schon in der Bialik-Straße – jetzt war da nur noch eine rechte Kurve auf die Nordau und dann eine nach links auf die Be'er. In einer Minute würden wir da sein.

»Papa«, sagte Lev mit schmalen Augen. »Ich kann nicht erkennen, dass es ihm leidtut.«

In diesem Moment, in der Mitte der Steigung zur Nordau, trat der Fahrer erneut aufs Bremspedal und zog die Handbremse an. Er drehte sich um und brachte sein Gesicht nahe an das meines Sohnes heran. Er sagte nichts, sondern sah nur in Levs Augen. Und dann, nach einer Sekunde, flüsterte er: »Glaub mir, Junge. Es tut mir leid.«

Klage um meine Schwester

Vor neunzehn Jahren starb meine Schwester in einer kleinen Heiratskapelle in Bnei Brak und lebt seither in der orthodoxesten Wohngegend von Jerusalem. Vor kurzem habe ich das Wochenende in ihrem Haus verbracht. Es war mein erster Sabbat dort. Ich besuche sie oft mitten in der Woche, aber in diesem Monat hatte ich so viel Arbeit und so viele Auslandsreisen, dass es nur am Samstag ging. »Pass auf dich auf«, sagte meine Frau, als ich losfuhr. »Du bist grade nicht in sehr guter Verfassung. Pass auf, dass sie dich nicht dazu bringen, religiös zu werden, oder so was.« Ich versicherte ihr, dass sie sich keine Sorgen machen müsse. Was mich und die Religion angeht, so habe ich wirklich keinen Gott. Wenn es mir gutgeht, brauche ich keinen, und wenn ich mich dreckig fühle und sich das große leere Loch in mir öffnet, weiß ich genau, dass es nie einen Gott gegeben hat und nie einen geben wird, der es füllen könnte. Wenn also hundert Rabbis für meine verlorene Seele beten würden, würden sie nichts erreichen. Ich habe keinen

Gott, aber meine Schwester hat einen, und ich liebe sie, also versuche ich, ihm ein wenig Respekt zu erweisen.

Die Periode, in der meine Schwester die Religion entdeckte, war so ziemlich die deprimierendste Zeit in der Geschichte des israelischen Pop. Der Libanon-Krieg war gerade zu Ende gegangen, und niemand war in der Stimmung für euphorische Melodien. Andererseits gingen uns inzwischen die Balladen über schöne junge Soldaten, die in ihrer Blüte sterben mussten, auch schon auf die Nerven. Die Leute wollten traurige Songs, aber nicht von der Art, die von einem deprimierenden unheroischen Krieg handelten, den jeder gern vergessen wollte. Und dadurch entstand plötzlich ein neues Genre: die Klage über einen Freund, der religiös geworden ist. Diese Lieder beschreiben stets entweder einen engen Freund oder ein schönes, aufregendes Mädchen, der oder die überhaupt erst der Grund gewesen ist, dass das Leben des Sängers Sinn gehabt hat. Aber dann passiert wie aus dem Nichts etwas Schreckliches, und der Freund oder das Mädchen wird orthodox. Der Kumpel lässt sich einen Bart wachsen und betet ständig, die schöne Frau ist vom Kopf bis zur Zehe züchtig bekleidet und will es nicht mehr mit dem verdrossenen Sänger treiben. Junge Leute hörten diese Songs und nickten grimmig. Der Krieg im Libanon hatte ihnen gerade erst so viele Kumpels weggenommen. Das Allerletzte, was irgendjemand sehen wollte, war, dass die, die noch übrig waren, in eine Yeshiva in irgendeinem verschwitzten Winkel von Jerusalem verschwanden.

Nicht nur die Musikwelt entdeckte die wiedergeborenen Juden. Überall in den Medien waren sie das Thema der Stunde. Jede Talkshow hatte einen Stuhl entweder für eine gerade religiös gewordene ehemalige Berühmtheit reserviert, die jedermann erklärte, dass sie ihr weltliches Leben nicht im mindesten vermisse, oder für den ehemaligen Freund eines prominenten Wiedergeborenen, der offenlegte, wie sehr dieser sich verändert hatte, seit er religiös geworden war, so dass einfach nicht mehr mit ihm zu sprechen war.

Mir ging es genauso. Seit meine Schwester zur göttlichen Vorsehung übergelaufen war, war aus mir eine lokale Berühmtheit geworden. Nachbarn, die sich noch nie für mich interessiert hatten, blieben stehen, um mir die Hand zu drücken und zu kondolieren. Coole sechzehnjährige Hipster, ganz in Schwarz, gaben mir freundliche High-Fives, bevor sie ins Taxi stiegen, das sie in irgendeinen Tanzclub in Tel Aviv brachte; und dann kurbelten sie sogar noch mal das Fenster herunter und riefen mir zu, wie sehr die Sache mit meiner Schwester sie fertigmachte. Wenn die Rabbis sich jemand Hässlichen gekrallt hätten, hätten sie damit noch fertig werden können, aber dass es jemand hatte sein müssen, der so gut aussah – was für eine Verschwendung!

Inzwischen studierte meine vielbeklagte Schwester an einem Frauenseminar in Jerusalem. Fast jede Woche kam sie uns besuchen und schien glücklich. Wenn sie mal eine Woche nicht kommen konnte, besuchten wir sie. Ich war damals fünfzehn und vermisste sie schrecklich. Bevor sie religiös geworden war, war sie in der Armee gewesen, als Ausbilderin bei der Artillerie im Süden. Da hatte ich sie auch nur selten gesehen, aber aus irgendeinem Grund hatte ich sie weniger vermisst.

Wann immer wir uns trafen, studierte ich sie genau, um herauszufinden, was an ihr anders geworden war. Hatten sich der Blick ihrer Augen, ihr Lächeln verändert? Wir sprachen so miteinander, wie wir es immer getan hatten. Sie erzählte mir immer noch lustige Geschichten, die sie speziell für mich erfunden hatte, und half mir bei den Mathematikaufgaben. Aber mein Cousin Gili, der zur Jugendsektion der *Bewegung gegen religiösen Zwang* gehörte und viel über Rabbis und solche Dinge wusste, sagte mir, dass es nur eine Frage der Zeit sei. Sie waren jetzt noch nicht fertig mit der Gehirnwäsche, aber sobald sie es sein würden, würde sie Jiddisch sprechen und ihren Kopf rasieren und irgendeinen verschwitzten, unförmigen, abstoßenden Kerl heiraten, der ihr verbieten würde, mich je wiederzusehen. Es könne noch ein oder zwei Jahre dauern, aber ich solle mich besser schon darauf einstellen, denn sobald sie verheiratet sei, würde es, auch wenn sie noch atmen würde, aus unserer Sicht so sein, als wäre sie gestorben.

Vor neunzehn Jahren starb meine Schwester in einer kleinen Heiratskapelle in Bnei Brak und lebt seither in der orthodoxesten Wohngegend von Jerusalem. Sie hat einen Ehemann, der Student der Yeshiva ist, genau wie Gili angekündigt hatte. Er ist nicht verschwitzt oder unförmig oder abstoßend, und er scheint sich sogar zu freuen, wenn mein Bruder oder ich zu Besuch kommen. Eine andere Sache, die Gili mir damals vor zwanzig Jahren versprach, war, dass meine Schwester Horden von Kindern haben würde und dass mir, wann immer ich sie miteinander Jiddisch würde sprechen hören, als ob sie in irgendeinem gottverlassenen Shtetl in Osteuropa lebten, zum Weinen zumute sein würde. Auch in diesem Punkt hatte er nur halb recht, denn sie hat zwar wirklich viele Kinder, eines niedlicher als das andere, aber wenn sie Jiddisch sprechen, muss ich nur lächeln.

Wenn ich das Haus meiner Schwester betrete, weniger als eine Stunde vor dem Sabbat, grüßen mich die Kinder im Chor mit ihrem »Wie heiße ich?«, eine Tradition, die ihren Anfang genommen hat, nachdem ich sie einmal miteinander verwechselt habe. In Anbetracht der Tatsache, dass meine Schwester elf von ihnen hat und dass jeder einen doppelläufigen Namen hat, wie es bei Chassidim üblich ist, war mein

Fehler sicher nicht unverzeihlich. Der Umstand, dass alle Jungen genau gleich angezogen sind und identische Schläfenlocken haben, bietet mir ebenfalls starke Verteidigungsargumente. Aber sie alle, von Shlomo-Nachman abwärts, wollen sicherstellen, dass ihr besonderer Onkel sich ausreichend konzentriert, um jedem Neffen das richtige Geschenk zu geben. Vor nur ein paar Wochen sagte meine Mutter, dass sie mit meiner Schwester gesprochen habe und dass sie den Verdacht habe, dass es noch nicht vorbei sei und dass es in einem oder zwei Jahren, mit Gottes Hilfe, einen weiteren doppelläufigen Namen geben werde, den ich mir würde einprägen müssen.

Nachdem ich den Namenslistentest mit Bravour bestanden hatte, bekam ich ein Glas streng koschere Cola, während meine Schwester, die mich eine Weile nicht gesehen hatte, auf der anderen Seite des Wohnzimmers Platz nahm und sagte, dass sie wissen wolle, wie es mir ergangen sei. Sie mag es sehr, wenn ich ihr erzähle, dass es mir gutgeht und dass ich glücklich bin, aber da die Welt, in der ich lebe, für sie aus reinen Frivolitäten besteht, ist sie nicht wirklich an den Details interessiert. Der Umstand, dass meine Schwester niemals auch nur eine einzige Geschichte von mir lesen wird, bringt mich etwas aus der Fassung, das gebe ich zu. Aber der Umstand, dass ich mich nicht an die Regeln des Sabbat halte und nicht koscher esse, regt sie wiederum noch mehr auf.

Einmal habe ich ein Kinderbuch geschrieben und es meinen Neffen gewidmet. Der Verlag hatte sich vertraglich bereit erklärt, ein spezielles Einzelexemplar zu produzieren, in der alle Männer Yarmulkes und Schläfenlocken tragen und in der die Röcke und Ärmel der Frauen lang genug sind, um als anständig durchzugehen. Aber schließlich wurde doch auch diese Version vom Rabbi meiner Schwester, den sie in Fragen der religiösen Konvention um Rat fragt, zurückgewiesen. Die Kindergeschichte beschrieb einen Vater, der mit dem Zirkus davonläuft. Der Rabbi muss das wohl zu rücksichtslos gefunden haben, und ich musste die »koschere« Version des Buches, an der der Illustrator so viele Stunden mit so viel Können gearbeitet hatte, wieder nach Tel Aviv mitnehmen.

Bis ich vor zehn Jahren endlich geheiratet habe, lag der schwierigste Teil unseres Verhältnisses darin, dass meine Freundin mich nicht begleiten durfte, wenn ich meine Schwester besuchte. Um ganz ehrlich zu sein, sollte ich erwähnen, dass wir in den neun Jahren, die wir zusammenleben, Dutzende Male geheiratet haben, in allen möglichen selbsterfundenen Zeremonien: mit einem Kuss auf die Nase in einem Fischrestaurant in Jaffa, mit Umarmungen in einem abbruchreifen Hotel in Warschau, beim Nacktbaden am Strand von Haifa und einmal sogar, als wir im Zug von Amsterdam nach Berlin ein Kinder-Überraschungsei teilten. Nur leider wird keine dieser Zeremonien von den Rabbis oder dem Staat anerkannt. Daher musste meine Freundin, wenn ich meine Schwester und ihre Familie besuchte, immer in einem nahen Park oder einem Café auf mich warten. Am Anfang war es mir peinlich, sie darum zu bitten, aber sie verstand die Situation und akzeptierte sie. Was mich betraf, so akzeptierte ich sie ebenfalls – hatte ich eine Wahl? –, aber ich kann nicht wirklich behaupten, dass ich es verstanden hätte.

Vor neunzehn Jahren starb meine Schwester in einer kleinen Heiratskapelle in Bnei Brak und lebt seither in der orthodoxesten Wohngegend von Jerusalem. Damals gab es ein Mädchen, in das ich ganz und gar verliebt war und das mich nicht liebte. Ich erinnere mich daran, wie ich zwei Wochen nach der Hochzeit meine Schwester in Jerusalem besuchte. Ich wollte, dass sie darum betete, dass ich und das Mädchen zusammenkämen; so verzweifelt war ich. Meine Schwester war eine Minute lang still und erklärte mir dann, dass sie das nicht tun könne. Denn wenn sie betete und das Mädchen und ich kämen dann zusammen und unser Zusammensein erwiese sich als die Hölle, so würde sie sich schrecklich fühlen. »Ich werde darum beten, dass du stattdessen jemanden triffst, mit dem du glücklich wirst«, sagte sie und lächelte mich tröstend an. »Ich werde jeden Tag für dich beten. Das verspreche ich.« Ich konnte sehen, dass sie mich umarmen wollte, und bedauerte, dass sie das nicht durfte, aber vielleicht stellte ich mir das auch nur vor. Zehn Jahre später traf ich meine Frau. Mit ihr zusammen zu sein hat mich tatsächlich glücklich gemacht. Wer kann behaupten, dass Gebete nicht erfüllt werden!

Vogelperspektive

Ohne meine Mutter würden wir wohl noch denken, alles wäre in Ordnung.

An einem gewöhnlichen Sonntagmorgen erzählte sie uns, dass ihr Enkel sie gebeten hatte, mit ihr ein Spiel zu spielen, das man nur auf Mamas Telefon spielen könne. Es sei wirklich leicht: Man müsse Vögel aus einer Steinschleuder schießen, damit sie Häuser zerstören könnten, in denen grüne Schweine lebten.

»Ah, *Angry Birds*«, sagten meine Frau und ich gleichzeitig. »Unser Lieblingsspiel!«

»Ich habe noch nie davon gehört«, sagte meine Mutter.

»Da bist du wahrscheinlich der einzige Mensch auf der Welt«, sagte meine Frau. »Ich glaube, es gibt auf diesem Planeten noch mehr japanische Soldaten, die sich in Wäldern verstecken und nicht wissen, dass der Zweite Weltkrieg vorbei ist, als Menschen, die dieses Spiel nicht kennen. Es ist wahrscheinlich das beliebteste iPhone-Spiel aller Zeiten.«

»Und ich dachte, dein Lieblingsspiel ist *Go Fish* mit

diesen Karten mit den Blumen Israels«, sagte meine Mutter gekränkt.

»Nicht mehr«, sagte meine Frau. »Wie oft kann man schon jemanden fragen, ob er einen Blaustern hat, ohne dass man gähnen muss?«

»Aber dieses Spiel«, sagte meine Mutter. »Obwohl ich meine Brille nicht auf hatte, sah das aus, als ob die Vögel sterben, wenn sie ihr Ziel treffen.«

»Sie opfern sich, um etwas Größeres zu erreichen«, sagte ich schnell. »Es ist ein Spiel, das einem Werte beibringt.«

»Ja«, sagte meine Mutter. »Aber das Ziel ist, Häuser über den Köpfen dieser süßen Ferkel zum Einsturz zu bringen, die nichts Böses getan haben.«

»Sie haben unsere Eier gestohlen«, insistierte meine Frau.

»Eigentlich«, sagte ich, »ist es ein erzieherisches Spiel, das einem beibringt, nicht zu stehlen.«

»Oder, genau genommen«, sagte meine Mutter, »bringt es einem bei, jeden zu töten, der von einem stiehlt, und dabei sein Leben zu opfern.«

»Sie hätten diese Eier nicht stehlen sollen!«, sagte meine Frau mit der erstickten Stimme, die immer zutage tritt, wenn sie weiß, dass sie gleich eine Debatte verlieren wird.

»Ich verstehe nicht«, sagte meine Mutter. »Haben diese Ferkel selbst deine Eier gestohlen, oder reden wir hier von Kollektivstrafe?«

»Möchte jemand Kaffee?«, fragte ich.

Nach dem Kaffee brach unsere Familie ihren Angry-Birds-Rekord, indem das Teamwork zwischen meinem Sohn, einem Experten darin, mit Vögelclustern mehrere Ziele auf einmal zu treffen, und meiner Frau, einer Expertin darin, Vögel mit alles durchdringenden viereckigen Eisenköpfen abzuschießen, es ermöglichte, eine besonders gut befestigte bienenwabenförmige Struktur auf dem geschwollenen grünen Kopf des schnurrbärtigen Schweinefürsten zum Einsturz zu bringen, der noch sein letztes »Ho-la« sagte und dann für immer verstummte.

Während wir Kekse aßen, um unseren moralischen Sieg über die bösen Schweine zu feiern, begann meine Mutter wieder zu sticheln.

»Was mögt ihr so an diesem Spiel?«, fragte sie.

»Ich mag das seltsame Geräusch, das die Vögel machen, wenn sie in Dinge knallen«, sagte Lev kichernd.

»Ich mag den physikalisch-geometrischen Aspekt daran«, sagte ich. »Die ganze Sache mit dem Winkelausrechnen.«

»Ich mag das Töten«, flüsterte meine Frau. »Häuser zerstören und töten. Das macht solchen Spaß.«

»Und es verbessert wirklich die Koordination«, sagte ich, immer noch bemüht, den Effekt abzumildern.

»Wenn man diese Schweine in Fetzen explodieren und ihre Häuser zusammenstürzen sieht!«, fuhr meine

Frau fort. Ihre grünen Augen starrten in die Unend-
lichkeit.

»Wer will noch Kaffee?« fragte ich.

Meine Frau war die Einzige in der Familie, die den
Nagel auf den Kopf traf. *Angry Birds* ist in unserem
Haus und in anderen so beliebt, weil wir es lieben,
Dinge zu töten und zu zerstören. Ja, es stimmt, dass
die Schweine in der kurzen Eröffnungssequenz des
Spiels unsere Eier gestohlen haben, aber, ganz unter
uns gesagt, das ist nur eine Entschuldigung für uns,
um etwas von unserer guten alten Wut auf sie zu lenken. Je länger ich über dieses Spiel nachdenke, desto
klarer verstehe ich Folgendes:

Unter der einnehmenden Oberfläche der lustigen
Tiere und ihrer süßen Stimmen ist *Angry Birds* tatsächlich ein Spiel, das mit dem Geist fundamentalisti-
scher Terroristen übereinstimmt.

Ich weiß, das ist nicht wirklich politisch korrekt.
Aber wie sonst soll man ein Spiel erklären, in dem
man bereit ist, sein Leben zu opfern, damit man die
Häuser unbewaffneter Feinde zerstören und ihre
Frauen und Kinder darin verdampfen kann, um ihrer
aller Tod herbeizuführen? Und das noch bevor man
auf die Angelegenheit mit den Schweinen eingeht:
ein schmutziges Tier, das in der Rhetorik fanatischer
Muslime oft herangezogen wird, um häretische Ras-
sen zu symbolisieren, die den Tod verdienen. Schließlich hätten ebenso gut auch Kühe und Schafe unsere

Eier gestohlen haben können, aber die Spieleplaner haben sich dennoch bewusst für fette, dollargrüne, kapitalistische Schweine entschieden.

Ich sage übrigens nicht, dass das unbedingt etwas Schlechtes ist. Ich nehme an, dass ich einer Selbstmordmission nie näher kommen werde als jetzt, da ich Vögel mit eckigen Köpfen in Steinwände schleudere. Das könnte also ein spaßiger, kontrollierter Weg sein, um zu lernen, dass nicht nur Vögel oder Terroristen wütend werden, sondern auch ich, und dass ich nichts brauche als den passenden, relativ harmlosen Kontext, in dem ich diese Wut anerkennen und eine kleine Weile ausleben kann.

Einige Tage nach dem seltsamen Gespräch mit meiner Mutter erschienen sie und mein Vater an unserer Tür, in Händen ein rechteckiges Geschenk in blumenbedrucktem Papier. Lev öffnete es aufgeregt und fand darin ein Brettspiel, auf dem viele Dollarscheine abgebildet waren.

»Ihr habt gesagt, dass *Go Fish* euch langweilt«, sagte meine Mutter. »Also haben wir euch *Monopoly* gekauft.«

»Was muss man in diesem Spiel machen?«, fragte Lev misstrauisch.

»Geld muss man machen«, sagte mein Vater. »Viel Geld! Du nimmst das Geld deinen Eltern weg, bis du stinkreich bist und sie nichts mehr haben.«

»Toll!«, sagte Lev glücklich. »Wie spielt man das?«

Seit diesem Tag leben die grünen Schweine in Ruhe und Frieden. Es stimmt, wir waren nicht mehr in ihrer Gegend auf Mamas iPhone, aber ich bin sicher, wenn wir auf einen schnellen Besuch vorbeikämen, würden wir sie zufrieden quiekend vorfinden, nachdem sie gerade einen Balkon abgesperrt oder eine Erdhöhle für ihre Kleinen gegraben haben. Meine Frau und ich andererseits finden, dass es mit unserer Situation abwärtsgeht. Jeden Abend, nachdem Lev zu Bett gegangen ist, sitzen wir in der Küche und überschlagen unsere neuen Schulden bei unserem gierigen kleinen Nachkommen, der, inklusive Kapitalverflechtungen mit Bau- und Infrastrukturfirmen, mehr als neunzig Prozent unseres Monopolybesitzes hält. Wenn wir fertig sind, unsere vielstelligen Schulden auszurechnen, gehen wir zu Bett. Ich schließe meine Augen, versuche, nicht über das rundliche, kaltherzige Erzeugnis unserer Lenden nachzudenken, das in naher Zukunft meiner Frau und mir den angerissenen Karton abnehmen wird, auf dem wir am Spielbrett leben, bis der gesegnete Schlaf kommt, und mit ihm die Träume. Und wieder bin ich ein Vogel, fliege durch blaue Himmel, schneide in atemberaubend herrlichem Bogen durch die Wolken, nur um schließlich meinen viereckigen Kopf in einem Delirium der Rache auf den Köpfen grüner, schnurrbärtiger, eierfressender Schweine zu zerschmettern. Ho-la!

JAHR 5

Imaginäre Heimat

Als Kind habe ich mir oft Polen vorgestellt. Meine
Mutter, die in Warschau aufgewachsen war, hatte mir
viele Geschichten über die Stadt erzählt, über den
Jerusalem Boulevard *(Aleje Jerozolimskie)*, wo sie geboren worden war und als kleines Mädchen gespielt
hatte, und über das Ghetto, wo sie ihre Kinderjahre
mit dem Kampf ums Überleben verbracht und ihre
ganze Familie verloren hatte. Außer der verwischten
Fotografie eines großen schnurrbärtigen Mannes vor
einem Pferdeschlitten im Geschichtsbuch meines älteren Bruders hatte ich kein auf Wirklichkeit grün-
dendes Bild von diesem fernen Land, aber mein Bedürfnis, mir den Ort vorzustellen, wo meine Mutter
aufgewachsen war und meine Großeltern und mein
Onkel begraben liegen, war stark genug, dass ich immer wieder versuchte, es in meiner Imagination zu erschaffen. Ich stellte mir Straßen vor wie jene auf Illustrationen in Charles-Dickens-Romanen. In meinem
Geist kamen die Kirchen, von denen meine Mutter erzählte, geradewegs aus einer modrigen alten Ausgabe

des *Glöckners von Notre Dame*. Ich konnte mir vorstellen, wie sie das Kopfsteinpflaster der Straßen hinabging, vorsichtig, um nicht gegen große Männer mit Schnurrbärten zu stoßen, und alle diese Bilder waren immer schwarzweiß.

Meine erste Begegnung mit dem wirklichen Polen ereignete sich vor zehn Jahren, als ich zur Warschauer Buchmesse eingeladen war. Ich erinnere mich daran, wie überrascht ich war, als ich aus dem Flughafen kam. Ich konnte mir zunächst diese Reaktion gar nicht erklären. Später wurde mir klar, dass ich verblüfft darüber gewesen war, dass das Warschau, das sich vor mir ausbreitete, lebendig und in Technicolor war, dass die Straßen voll waren von billigen japanischen Autos statt von Pferdewagen, und ja, auch darüber, dass die meisten Leute, die ich sah, gut rasiert waren.

In den letzten zehn Jahren bin ich fast jedes Jahr nach Polen gereist. Immer wieder kamen Einladungen, und obwohl ich grundsätzlich versucht habe, weniger zu fliegen, fand ich es schwierig, zu den Polen nein zu sagen. Obwohl der Großteil meiner Familie dort unter den fürchterlichsten Umständen umgekommen ist, war Polen auch der Ort, wo sie gelebt hatten und wo es ihnen für mehrere Generationen gutgegangen war, und der Zauber, den dieses Land auf mich ausübte, war fast mystischer Natur. Ich machte mich auf die Suche nach dem Geburtshaus meiner

Mutter und fand darin eine Bank. Ich ging zu einem anderen Haus, in dem sie ein Jahr ihres Lebens verbracht hatte, und fand, dass da jetzt eine Grasfläche war. Seltsamerweise fühlte ich mich deshalb nicht frustriert oder traurig, und ich machte sogar Bilder von beiden Orten. Natürlich hätte ich lieber ein Haus als eine Bank oder ein Feld gefunden. Aber eine Bank, dachte ich, war doch besser als gar nichts.

Während meines letzten Besuches in Polen vor einigen Wochen, bei einem Literaturfestival in einem anderen Teil des Landes, fragte eine charmante Fotografin namens Elżbieta Lempp, ob sie ein Bild von mir machen dürfe. Ich stimmte zu. Sie fotografierte mich in einem Café, wo ich auf meine Lesung wartete, und bei meiner Rückkehr nach Israel fand ich das Bild vor, das sie mir zugemailt hatte. Es war ein Schwarzweißfoto, auf dem ich mit einem großen schnurrbärtigen Mann sprach. Hinter uns war unscharf ein altes Gebäude zu sehen. Alles auf dem Foto schien nicht aus der Wirklichkeit, sondern aus meinen Kindheitsvorstellungen von Polen zu stammen. Sogar mein Gesichtsausdruck sah polnisch und erschreckend ernst aus. Ich starrte auf das Bild. Hätte ich mein fotografiertes Selbst aus seiner Pose zum Leben erwecken können, wäre es aus dem Bild gewandert und hätte tatsächlich das Geburtshaus meiner Mutter gefunden. Wäre mein anderes Selbst mutig genug dafür gewesen, hätte es sogar an die Tür geklopft. Und wer weiß,

wer ihm geöffnet hätte: die Großmutter oder der Großvater, die ich nie gekannt habe, womöglich sogar ein
lächelndes kleines Mädchen, das keine Ahnung hat,
was die grausame Zukunft bereithält. Ich starrte das
Foto eine ganze Weile an, bis Lev ins Zimmer kam
und mich dort sitzen sah, die Augen reglos auf den
Computerschirm gerichtet.

»Wieso hat dieses Bild keine Farben?«, fragte er.

»Das ist Zauberei«, sagte ich, lächelte und zauste
sein Haar.

Fette Katzen

Um mich auf das Gespräch mit Levs Vorschullehrerin vorzubereiten, rasierte ich mich und nahm meinen guten Anzug aus dem Schrank.

»Es ist ein Zehn-Uhr-Vormittags-Gespräch«, sagte meine Frau lachend. »Die Lehrerin wird wahrscheinlich Jogginghosen tragen. Und du, mit dem weißen Hemd und dem Jackett, wirst aussehen wie ein Bräutigam.«

»Wie ein Anwalt«, korrigierte ich sie. »Und wenn das Gespräch vorbei ist, wirst du mir dankbar sein, dass ich mich gut angezogen habe.«

»Warum verhältst du dich so, als ob sie mit uns sprechen will, weil Lev etwas Schlimmes gemacht hat?«, protestierte meine Frau. »Vielleicht will sie uns sagen, dass Lev ein gutes Kind ist, der den anderen Kindern in seiner Gruppe hilft?«

Ich versuchte, mir vorzustellen, wie Lev im Garten der Vorschule großzügig sein Sandwich mit einem dürren und dankbaren Klassenkameraden teilte, der an dem Tag sein Pausenbrot daheim vergessen hatte.

Die unglaubliche Anstrengung, die es bedeutete, dieses Bild heraufzubeschwören, hätte fast einen Schlaganfall bei mir verursacht. »Glaubst du wirklich«, erkundigte ich mich, »dass sie uns gebeten haben zu kommen, damit wir von netten Dingen erfahren, die Lev getan hat?«

»Nein«, gab sie traurig zu. »Ich widerspreche dir nur gern.«

Die Lehrerin trug tatsächlich Jogginghosen, aber sie mochte meinen Anzug und freute sich, als sie erfuhr, dass ich denselben Anzug bei meiner Hochzeit getragen hatte.

»Aber damals konnte er ihn noch tragen, ohne den Bauch einzuziehen«, sagte meine Frau, und dann tauschten sie und die Lehrerin lächelnd die verständnisvollen Blicke von Frauen aus, die sich an Männer gebunden haben, die drei Pizzerias auf Speed Dial, aber noch nie einen Gymnastikclub von innen gesehen haben.

»Tatsächlich«, sagte die Lehrerin, »hat der Grund, aus dem ich Sie hergebeten habe, etwas mit Essen zu tun.«

Die Lehrerin erzählte uns, dass Lev einen Geheimpakt mit der Köchin der Vorschule geschlossen hatte, aufgrund dessen sie ihm regelmäßig Schokolade mitbrachte, obgleich das Leitungsgremium strikt verboten hatte, dass Kinder auf dem Schulgelände Süßigkeiten aßen. »Er geht auf die Toilette und kommt mit fünf Schokoriegeln zurück«, erklärte die Lehrerin. »Gestern saß er in einer Ecke und aß, bis ihm die Schokolade aus der Nase lief.«

»Aber warum sprechen Sie nicht mit der Köchin darüber?«, fragte meine Frau.

»Das habe ich schon getan«, seufzte die Lehrerin. »Aber sie sagt, Lev ist so manipulativ, dass sie einfach nichts dagegen tun kann.«

»Und Sie glauben, dass es möglich ist«, sagte meine Frau, »dass ein Fünfjähriger eine Erwachsene kontrolliert und zwingt –«

»Beachten Sie sie nicht«, flüsterte ich der Lehrerin zu. »Sie weiß, dass es möglich ist. Sie widerspricht nur gern.«

Am Nachmittag nützte ich ein freundliches Fußballspiel für ein offenes Gespräch mit Lev. »Weißt du, was mir Ricki, die Lehrerin, heute gesagt hat?«

»Dass es nichts helfen wird, dass ich ihren Computer jeden Morgen gieße? Dass der Schirm trotzdem klein bleiben wird?«

»Nein«, sagte ich. »Sie sagte mir, dass Mari, die Köchin, dir jeden Morgen Schokolade bringt.«

»Ja«, sagte Lev glücklich. »Ganz viel Schokolade.«

»Ricki sagt auch, dass du die ganze Schokolade selbst isst und sie nicht mit den anderen Kindern teilst.«

»Ja, aber ich kann ihnen ja auch keine geben, weil Kinder in der Schule keine Süßigkeiten essen dürfen.«

»Sehr gut«, sagte ich. »Aber wenn Kinder keine Sü-ßigkeiten in der Schule essen dürfen, warum glaubst du dann, dass du das darfst?«

»Weil ich kein Kind bin.« Lev lächelte ein dick-liches, raffiniertes Lächeln. »Ich bin eine Katze.«

»Du bist was?«

»*Miau*«, antwortete Lev mit leiser, schnurriger Stimme. »*Miau, miau, miau.*«

Am nächsten Morgen trank ich in der Küche Kaffee und las die Zeitungen. Der Trainer der israelischen Fußballnationalmannschaft war beim Zoll dabei er-wischt worden, wie er Zigarren im Wert von mehr als 25 000 Dollar ins Land geschmuggelt hatte. Ein der Schas-Partei angehörendes Mitglied der Knesset hatte ein Restaurant gekauft und seinen parlamentarischen Mitarbeiter, bezahlt vom Knesset-Budget, gezwungen, dort zu arbeiten. Mehrere Basketballtrainer der Mac-cabi Tel Aviv, des Star-Teams des Landes, müssen eine Anklage wegen Steuerhinterziehung erwarten. Dann, während ich frühstückte, las ich ein wenig über den Prozess des ehemaligen Premierministers Ehud Ol-mert, dem Bestechlichkeit vorgeworfen wurde, und beendete den Morgen mit einem kurzen Artikel, der berichtete, dass der ehemalige Finanzminister Avra-ham Hirschson, zurzeit wegen Veruntreuung in Haft, von seinen Mitgefangenen als »Musterinsasse« be-zeichnet wurde.

Seit Jahren schon habe ich mich darum bemüht,

zu verstehen, warum solche wohlhabenden, erfolgreichen Leute das Gesetz brechen und Strafe und Verachtung riskieren, obwohl sie doch ohnehin schon
alles haben. Olmert lebte schließlich nicht in bitterer
Armut, als er Flugausgabenbelege fälschte, um bei
Yad Vashem ein paar tausend Dollar mehr heraus-
zuholen. Und Hirschson war auch nicht gerade am
Verhungern, als er Geld der Organisation, für die er
arbeitete, veruntreute. Aber nach dem vertraulichen
Gespräch mit Lev wurde mir alles klar. Diese Männer
betrügen, stehlen und lügen, genau wie mein Sohn,
weil sie sicher sind, Katzen zu sein. Und als entzü-
ckende, pelzige, sahneliebende Kreaturen brauchen
sie sich nicht an die Regeln und Gesetze zu halten, denen die verschwitzten zweibeinigen Kreaturen um sie
gehorchen müssen. Wenn man sich das vergegenwär-
tigt, ist die Verteidigungslinie des ehemaligen Premierministers leicht vorauszusagen:

Staatsanwalt: Herr Olmert, sind Sie sich bewusst,
    dass Fälschung und Betrug gegen das Gesetz
    sind?
Olmert: Natürlich. Als moralischer, gesetzestreuer
    ehemaliger Premierminister ist mir völlig be-
    wusst, dass dies für alle Bürger des Landes gilt.
    Aber wenn Sie die Gesetze des Landes aufmerk-
    sam lesen, wird Ihnen auffallen, dass Sie sich

nicht auf Katzen beziehen! Und ich, Euer Eh-
ren, bin schon seit langem in der ganzen Welt
als faule fette Katze bekannt.

Staatsanwalt (verblüfft): Herr Olmert, Sie erwarten
doch wohl nicht, dass das Gericht Ihre letzte
Bemerkung ernst nimmt?

*Olmert (während er die Ärmelaufschläge seines Ar-
mani-Anzugs leckt):* Miau, Miau, Miau.

Poseur

Die medienbestrahlte Revolution in Libyen ist nicht die einzige, die sich in der Region ereignet; es geht noch eine andere vor sich, still, aber nicht weniger bedeutend. Nach mehr als vierzig Jahren, in denen er von Substandardernährung niedergedrückt und der physischen Aktivität beraubt wurde, ist mein Körper jetzt auf die Straße gegangen, um zu protestieren. Bemerkenswert gut aufeinander abgestimmt, haben alle meine Muskeln Krämpfe bekommen. Es begann in meinem Nacken, bewegte sich hinab zu meinen Schultern und erreichte irgendwann sogar meine Füße. Meine Frau kam eines Tages heim und fand mich auf dem Rücken liegend wie eine tote Küchenschabe. Sie brauchte zwanzig Minuten, um zu verstehen, dass etwas mit mir nicht in Ordnung war, und als sie es tat, sagte sie als Erstes: »Das geschieht dir recht.« Das Zweite, was sie sagte, hatte etwas damit zu tun, dass sie mit meinem Cousin aus Ramat Gan gewettet hatte, dass ich vor meinem fünfzigsten Geburtstag an einem Herzinfarkt sterben würde. Laut meiner Frau war der einzige Grund, dass er Geld auf meine Langlebigkeit setzte, seine starke Zuneigung zu mir. Sie aber hatte den gesunden Menschenverstand und die Medizin auf ihrer Seite. »Jeder, der ein Haustier so behandelt wie du deinen Körper, wäre schon vor langer Zeit vom Tierschutzverband verklagt worden«, sagte meine Frau, während sie mir beim Aufsetzen half. »Warum kannst du nicht wie ich sein? Aufpassen, was du isst, und Yoga machen?«

Die Wahrheit ist, ich habe vor einigen Jahren Yoga ausprobiert. Am Ende meines ersten Anfängerkurses kam die blasse, dünne Lehrerin zu mir und erklärte mir mit leiser, aber fester Stimme, dass ich noch nicht weit genug war, um mit den Anfängern zu arbeiten und vorher einer »speziellen« Gruppe beitreten sollte. Die spezielle Gruppe bestand, so erwies sich, aus ein paar Frauen in fortgeschrittenen Stadien der Schwangerschaft. Im Grunde war es nett – zum ersten Mal seit langem war ich der dünnste Mensch im Raum. Die Frauen waren sehr langsam beim Trainieren, und wie ich keuchten und schwitzten sie sogar dann, wenn man sie aufforderte, ganz einfache Grundbewegungen zu vollführen. Ich war sicher, dass ich endlich meinen Platz in der grausamen Welt der körperlichen Aktivitäten gefunden hatte. Aber die Gruppe wurde kleiner und kleiner wie in einer Reality-Show; jede Woche war eine andere Frau verschwunden, und ihre aufgeregten Freundinnen berichteten mit zitternden Stimmen, dass sie ihr Kind zur Welt gebracht habe.

Drei Monate, nachdem ich der Gruppe beigetreten war, hatten alle Mitglieder außer mir ihr Kind zur Welt gebracht, und die Lehrerin sagte mir mit leiser, aber fester Stimme, bevor sie die Lichter des Studios ausschaltete, dass sie sich ein One-Way-Ticket nach Indien gekauft hatte und nicht wusste, wann sie zurückkommen würde. Inzwischen, so empfahl sie, sollte ich etwas »ein bisschen weniger Anspruchsvolles« als Yoga unternehmen. Da sie nicht ins Detail ging, erstickte ich ihre rätselhafte Bemerkung unter dem Aroma von Basilikum und ging wieder dazu über, ganze Pizzatabletts aufzuessen.

Als die letzte Welle von Muskelverkrampfungen nachgelassen hatte, entschied ich, proaktiv zu sein, und stellte eine Liste potentieller physischer Aktivitäten auf, von der ich dann all jene strich, von denen ich wusste, dass mein Körper ihnen nicht gewachsen sein würde. Laufen und Training im Fitnessstudio mussten als Erstes weg, dann auch Aerobic und Spinning (wenn ich mich entscheiden muss, ob ich Britney Spears anhören oder eine blockierte Aorta haben will, entscheide ich mich für Letzteres), dann Kickboxen und Krav Maga, denn in der Wohngegend meiner Jugend war ich so oft gratis geschlagen worden, dass ich mir nicht recht vorstellen konnte, für das Privileg auch noch zu bezahlen. Das Einzige, was zuletzt unter all dem Durchgestrichenen noch auf dem Blatt stand, war *schnelles Gehen*. Ich strich das Wort *schnelles* aus und machte ein Fragezeichen neben *Gehen*.

Als sie das Blatt sah, war meine Frau nicht begeistert über die Gehen-mit-Fragezeichen-Option. »Es gibt eine Million anderer Dinge, die sogar jemand, der so faul und atrophiert ist wie du, tun kann.«

»Nenne eines!«

»Pilates«, sagte sie, während sie an einer Sojasprosse, oder was immer das übelriechende Ding in ihrer Hand auch sein mochte, kaute. Ein wenig Nachforschung zum Thema Pilates förderte einige der erfreulicheren Aspekte zutage: Obgleich es offiziell als »körperliche Aktivität« definiert war, gab es keine Gefahr, dass man dabei einen Schweißausbruch bekam, da die Aktivität zum Großteil auf dem Rücken liegend ausgeübt wurde. Außerdem benützte der Erfinder die Technik im Ersten Weltkrieg zur Rehabilitation verwundeter Soldaten. Was natürlich bedeutete, dass es sogar dann, wenn ich keine Gruppe schwangerer Frauen fand, der ich beitreten konnte, die Chance gab, dass ich die Kriterien erfüllte, um in einen Kurs aufgenommen zu werden.

Bei der ersten Lektion lernte ich noch mehr Tatsachen über diesen wunderbaren Sport. Im Pilates arbeitet man vor allem an inneren Muskeln, was bedeutet, dass jemand, der einen beobachtet, unmöglich wissen kann, ob man tatsächlich seine tiefe Beckenmuskulatur übt, ob man seine Quermuskeln zusammenzieht oder ob man bloß auf der Matratze döst. Hier in Israel sind die Gruppen besonders klein und bestehen vor allem aus verletzten Balletttänzern. Das bedeutet, dass im Studio solche Grade der Verfeinerung, der Verletzungen und des Mitgefühls vorhanden sind, dass es in der ganzen Galaxie wahrscheinlich keinen besseren Platz gibt, um sich über eine Muskelzerrung zu beschweren und eine barmherzige Massage zu bekommen. Ich weiß nicht, wann Ihnen zuletzt fünf lahme Balletttänzer dabei geholfen haben, Ihre Kniesehnen zu entspannen, aber wenn es zu lange her ist, empfehle ich Ihnen, zum nächsten Pilatesstudio zu gehen.

Es ist nur zwei Wochen her, dass ich mit Pilates angefangen habe. Ich kann noch immer keine Gurkengläser mit meinen Quermuskeln öffnen, und wenn ich die Hand hebe, um mich am Kopf zu kratzen, ist der Schmerz in meiner Schulter nach wie vor unerträglich, aber ich habe meinen eigenen Spind, Jogginghosen mit einem goldenen Streifen an jedem Bein, ganz wie David Beckham, und eine neue weiche Matratze, auf der ich zweimal in der Woche eine ganze Stunde lang liegen und an alles denken kann, was ich möchte, während ich eine wohlgeformte Ballerina mit stoischem Gesicht anstarre, die auf einem riesigen, bunten Gummiball sitzt.

Bloß ein Sünder mehr

Vor einer Weile machte ich bei einer Gruppenlesung in einer Künstlerkolonie in New Hampshire mit. Jeder der drei Teilnehmer sollte fünfzehn Minuten lesen. Die anderen beiden waren Schriftsteller, die am Anfang ihrer Laufbahn standen und noch nichts veröffentlicht hatten, also bot ich mit einer Geste entweder der Großzügigkeit oder der Herablassung an, als Letzter zu lesen. Der erste Schriftsteller kam aus Brooklyn und war ziemlich talentiert. Er las etwas über seinen Großvater, der gestorben war – starker Tobak. Die zweite Schriftstellerin, eine Frau aus Los Angeles, begann zu lesen, und mein Gehirn begann zu wirbeln. Während ich da auf einem unbequemen Holzstuhl im überheizten Auditorium der Künstlerkolonie saß, hörte ich meine Ängste, meine Sehnsüchte und die Gewalt, die in mir wie eine ewige Flamme schwelt, sich aber so gut verbirgt, dass nur sie selbst und ich wissen, dass sie existiert. Nach zwanzig Minuten war es vorbei. Sie machte das Podium für mich frei, und als ich schlaff an ihr vorbeiging, maß sie mich mit einem mitleidigen Blick, wie ein stolzer Löwe des Dschungels ihn einem Zirkuslöwen zuwirft.

Ich weiß nicht mehr, was ich an diesem Abend vorgelesen habe, nur dass die ganze Zeit ihre Geschichte in meinem Geist widerhallte. In dieser Geschichte spricht ein Vater mit seinen Kindern, die ihre Sommerferien damit verbringen, Tiere zu foltern. Er sagt ihnen, dass es eine Linie gibt, die das Töten von Käfern vom Töten von Fröschen trennt, und dass diese Linie, wie schwer das auch sein mag, nie überschritten werden darf.

So ist der Lauf der Welt. Der Schriftsteller hat ihn nicht erschaffen, aber er ist hier, um zu sagen, was gesagt werden muss. Es gibt eine Linie, die das Töten von Käfern vom Töten von Fröschen trennt, und auch wenn der Schriftsteller sie in seinem Leben überschritten hat, muss er auf sie hinweisen. Der Schriftsteller ist weder ein Heiliger, noch ein Zadik, noch ein Prophet, der am Tor steht, er ist bloß ein Sünder mehr, der eine etwas schärfere Auffassungsgabe hat und eine etwas präzisere Sprache benützt, um die unbegreifliche Wirklichkeit unserer Welt zu beschreiben. Er erfindet kein Gefühl und keinen Gedanken – sie alle hat es lange vor ihm gegeben. Er ist nicht im mindesten besser als seine Leser, oft ist er viel schlimmer, und so soll es sein. Wenn der Schriftsteller ein Engel wäre, wäre der Abgrund zwischen ihm und uns so groß, dass sein Schreiben uns nicht mehr nahe genug käme, um uns zu berühren. Aber weil er hier ist, auf unserer Seite, bis zum Hals in Schlamm und Dreck begraben, ist er der eine, der mehr als irgendein anderer mit uns alles, was in seinem Geist vorgeht, teilen kann – in den hellen Gebieten, aber besonders auch in den dunklen Nischen. Er wird uns nicht ins Gelobte Land führen, er bringt keinen Frieden in die Welt, und er heilt nicht die Kranken. Aber wenn er seine Arbeit richtig macht, werden ein paar virtuelle Frösche mehr am Leben bleiben. Die Käfer, ich sage es nicht gern, werden sehen müssen, wo sie bleiben.

Von dem Tag an, als ich mit dem Schreiben begann, wusste ich um diese Wahrheit. Ich wusste sicher und klar um sie. Aber bei dieser Lesung, als ich in der MacDowell-Künstlerkolonie im Herzen von New Hampshire einen echten Löwen von Angesicht zu Angesicht sah und für eine Sekunde die Angst fühlte, wurde mir klar, dass sogar das schärfste Wissen, das wir alle besitzen, sich abstumpfen kann. Jemand, der ohne Hilfe und Verstärkung Kunst schafft, der erst nach langen Arbeitsstunden in seinem Brotberuf schreiben darf, umgeben von Leuten, die nicht einmal sicher sind, ob er überhaupt Talent hat, wird sich ständig an diese Wahrheit erinnern. Die Welt um ihn wird ihm einfach nicht erlauben, sie zu vergessen. Die einzigen Schriftsteller, die sie vergessen können, sind die Erfolgreichen, die nicht gegen den Strom ihres Lebens, sondern mit ihm schreiben, so dass jede Einsicht, die aus ihrer Feder fließt, nicht nur den Text verbessert und sie selbst glücklich macht, sondern auch ihre Agenten und Verleger erfreut. Verdammt, ich selbst hatte sie vergessen. Oder richtiger, auch ich wusste, dass da eine Linie zwischen einem Ding und einem anderen ist, aber in der letzten Zeit hatte sie sich in eine Linie zwischen Erfolg und Misserfolg verwandelt, zwischen Annahme und Ablehnung, zwischen Wertschätzung und Verachtung.

In dieser Nacht, nach der Lesung, ging ich zurück in mein Zimmer und sofort ins Bett. Durchs Fenster konnte ich hohe Pinien und einen klaren Nachthimmel sehen, und ich konnte die Frösche im Wald quaken hören. Es war das erste Mal seit meiner Ankunft, dass die Frösche sich sicher genug fühlten, um zu quaken. Ich schloss meine Augen und wartete auf den Schlaf, auf Stille. Aber das Quaken hörte nicht auf. Um zwei Uhr morgens stand ich auf, ging zum Computer und begann zu schreiben.

Shit Happens

Meine erste Geschichte habe ich vor sechsundzwanzig Jahren in einer der am besten bewachten Armeebasen Israels geschrieben. Ich war damals neunzehn, ein schlechter, deprimierter Soldat, der nur die Tage bis zum Ende seiner Militärpflicht zählte. Ich schrieb die Geschichte während eines besonders langen Dienstes in einem isolierten, fensterlosen Computerraum tief unter der Erde. Ich stand in der Mitte dieses neonbeleuchteten, eiskalten Raumes und starrte auf das ausgedruckte Blatt. Ich konnte mir selbst nicht erklären, warum ich das geschrieben hatte oder welchem Zweck es dienen sollte. Der Umstand, dass ich all diese erfundenen Sätze getippt hatte, war aufregend, aber auch erschreckend. Mir war, als müsste ich sofort jemanden finden, der die Geschichte lesen würde, und wenn sie dem nicht gefiele oder wenn er sie nicht verstünde, könnte er mich beruhigen und mir sagen, dass das Schreiben eine ganz normale Sache war und nicht ein weiterer Schritt auf dem Weg in den Wahnsinn.

Der erste potentielle Leser tauchte erst vierzehn Stunden später auf. Es war ein pockennarbiger Unteroffizier, der mich ablösen und den nächsten Dienst übernehmen sollte. Mit bemüht ruhiger Stimme sagte ich ihm, dass ich eine Kurzgeschichte geschrieben hatte, die er lesen müsse. Er nahm seine Sonnenbrille ab und sagte: »Leck mich am Arsch!«

Ich ging ein paar Stockwerke hinauf zum Erdgeschoss. Die vor kurzem erst aufgegangene Sonne blendete mich. Es war halb sieben Uhr morgens, und ich brauchte unbedingt einen Leser. Wie immer, wenn ich ein Problem habe, machte ich mich auf den Weg zum Haus meines Bruders.

Ich drückte den Knopf an der Gegensprechanlage, und die schläfrige Stimme meines Bruders antwortete.

»Ich habe eine Geschichte geschrieben«, sagte ich. »Ich möchte, dass du sie liest. Kann ich raufkommen?«

Nach einem Moment der Stille sagte mein Bruder bedauernd: »Keine gute Idee. Du hast meine Freundin geweckt, jetzt ist sie wütend.« Nach einem weiteren Moment sagte er: »Warte auf mich. Ich ziehe mich an und komme mit dem Hund runter.«

Nach ein paar Minuten tauchte er mit seinem kleinen, ausgeblichen wirkenden Hund auf. Der Hund freute sich, so früh spazieren zu gehen. Mein Bruder nahm mir die bedruckte Seite aus der Hand und begann, sie im Gehen zu lesen. Aber der Hund wollte bleiben und an einer schmutzigen Stelle nahe dem Eingang des Gebäudes sein Geschäft verrichten. Er versuchte, sich mit seinen kleinen Pfoten in den Boden zu graben und Widerstand zu leisten, aber mein Bruder war zu sehr ins Lesen versunken, um das zu bemerken. Er ging schnell die Straße entlang und zerrte den armen Hund mit sich.

Zum Glück für den Hund war die Geschichte sehr kurz, und als mein Bruder zwei Straßen weiter stehen blieb, konnte dieser sein Gleichgewicht zurückgewinnen und dem ursprünglichen Plan folgend sein Geschäft verrichten.

»Diese Geschichte ist großartig«, sagte mein Bruder. »Ich bin überwältigt. Hast du noch eine Kopie?« Ich sagte, dass ich eine hatte. Er gab mir ein Großer-Bruder-ist-stolz-auf-kleinen-Bruder-Lächeln, dann bückte er sich und benützte die bedruckte Seite, um den Hundedreck in einen Mülleimer zu schaufeln.

In diesem Moment begriff ich, dass ich Schriftsteller sein wollte.

Ohne es zu wollen, hatte mein Bruder mir etwas beigebracht. Die Geschichte, die ich geschrieben hatte, war nicht das zerknitterte, mit Scheiße beschmierte Blatt, das jetzt auf dem Boden eines Mülleimers lag. Dieses Blatt war nur eine Rohrleitung, durch die ich meine Gefühle aus meinem Geist in seinen übertragen hatte. Ich weiß nicht, wie ein Magier sich fühlt, wenn

er es das erste Mal fertigbringt, jemanden zu verzau-
bern, aber es ist vielleicht mit dem vergleichbar, was
ich in diesem Moment empfand. Ich hatte eine Form
der Magie entdeckt, die mir helfen würde, die zwei
langen Jahre bis zu meiner Entlassung aus dem Mili-
tär zu überstehen.

Last Man Standing

Es war weniger als eine Woche nach dem elften September, und der John F. Kennedy-Airport sah aus wie das Set eines zweitklassigen Actionfilms: nervöse Wachleute in Uniform patrouillierten mit Gewehren durchs Terminal und schrien aufgeregt die in langen Schlangen anstehenden Passagiere an. Ich sollte an dem Tag nach Amsterdam fliegen, um an einem schicken und coolen Kunstfestival der surrealen Art teilzunehmen, wie nur ein sanfter holländischer Hippie, der die sechziger Jahre zur Gänze auf diversen Trips verbracht hatte, es sich hatte ausdenken können.

Nach Monaten als *Artist in Residence* in den Vereinigten Staaten war ich froh darüber, wegzukommen. Amsterdam war nicht Israel, aber es war immer noch nahe genug, dass die Liebe meines Lebens sich bereit erklärt hatte, für ein paar Tage zu mir dorthin zu fliegen. Und da ich wusste, dass ich nach dem Festival zurück nach Amerika fliegen würde, um dort noch zwei anstrengende Monate als dunkelhäutiger Ausländer mit einem Pass aus dem Nahen Osten zu verbringen, brauchte ich unbedingt eine kurze Erholung.

Damals waren elektronische Tickets noch nicht verbreitet, und der freundliche Veranstalter hatte mir geschrieben, dass mein Ticket am KLM-Schalter bereitliege. Aber die unfreundliche Frau am Schalter bestand darauf, dass hier kein Ticket für mich sei. Das erschütterte mich ein wenig. Ich rief den Organisator des Festivals in Holland an, der mit fröhlich schläfriger Stimme ans Telefon ging. Nachdem er mir gesagt hatte, wie gut es sei, von mir zu hören, erinnerte er sich daran, dass er vergessen hatte, das Ticket zu schicken. »Das ist jetzt blöd«, sagte er. »Mein Kurzzeitgedächtnis ist nicht mehr, was es mal war.« Er schlug vor, dass ich ein Ticket am Flughafen kaufen sollte, und er würde mir sofort nach der Landung das Geld zurückgeben. Als ich ihm sagte, dass das Ticket wahrscheinlich teuer sein würde, sagte er: »Denk nicht drüber nach. Kauf das dumme Ticket, und wenn es eine Million kostet. Du hast morgen eine coole Veranstaltung, wir brauchen dich!«

Die Frau mit dem säuerlichen Gesicht verlangte 2400 Dollar für einen Mittelsitz in Economy, aber ich versuchte gar nicht, mit ihr zu streiten. Eine coole Veranstaltung und meine geliebte Frau, die damals noch meine geliebte Freundin war, warteten in Amsterdam auf mich. Ich wusste, dass ich in dieses Flugzeug musste. Der Flug war voll bis zum letzten Platz, und die Passagiere sahen nervös und angespannt aus. Ich wusste, dass das kein leichter Flug sein würde, aber alles wurde noch schwieriger, als ich entdeckte, dass auf meinem Sitz, zwischen einer Nonne und einem bebrillten Chinesen, ein bärtiger Mann mit tätowierten Armen und Sonnenbrille saß, der aussah wie der fette und böse Bruder von ZZ Top.

»Entschuldigen Sie«, sagte ich zaghaft. »Sie sind auf meinem Sitz.«

»Mein Sitz«, sagte der Bärtige. »Hau ab.«

»Aber meine Bordkarte sagt, dass es meiner ist. Schauen Sie!«

»Will nicht schauen«, sagte der Bärtige und ignorierte meine ausgestreckte Hand. »Ich habe dir gesagt, es ist mein Sitz. Hau ab.«

Ich entschied mich, die Flugbegleiterin zu rufen. Sie brachte es fertig, den Bärtigen zu ein wenig mehr Kooperation zu veranlassen, und es stellte sich heraus, dass wir wegen eines Computerfehlers beide eine Bordkarte mit der gleichen Sitznummer bekommen hatten. Mit befehlender Stimme sagte sie, dass der Flug komplett voll sei, daher musste einer von uns die Maschine verlassen.

»Werfen wir doch eine Münze«, schlug ich dem Bärtigen vor. Die Wahrheit ist, dass ich unbedingt in der Maschine bleiben wollte, aber das schien mir der einzige faire Weg, dieses ärgerliche Problem zu lösen.

»Keine Münze«, sagte der Bärtige. »Ich sitze hier. Du nicht. Geh aus dem Flugzeug.«

Und da fühlte ich, wie endlich einer der überladenen Schaltkreise in meinem Gehirn durchbrannte. »Ich gehe nicht aus dem Flugzeug«, sagte ich der Flugbegleiterin, die gerade zurückgekommen war, um uns zu sagen, dass wir eine ganze Ladung Passagiere hinter mir aufhielten.

»Ich bitte Sie, jetzt hinauszugehen«, sagte sie mit kalter Stimme. »Ich muss sonst die Security rufen.«

»Rufen Sie die Security«, sagte ich mit tränenerstickter Stimme. »Die sollen mich nur hinaustragen. Das wird die Summe, um die ich Ihre Fluglinie verklage, noch um ein paar Nullen größer machen. Ich habe gutes Geld für dieses Ticket bezahlt. Ich habe eine Bordkarte bekommen. Ich bin an Bord gegangen, und genau hier endet die Geschichte. Wenn es nicht genug Sitze in diesem Flugzeug gibt, können Sie selbst aussteigen. Ich werde den Passagieren Essen servieren.«

Die Flugbegleiterin rief nicht nach der Security. Stattdessen erschien der weißhaarige, blauäugige Pilot, legte mir beruhigend die Hand auf die Schulter und bat mich höflich, das Flugzeug zu verlassen.

»Ich gehe nicht hinaus«, sagte ich. »Und wenn Sie versuchen, mich mit Gewalt zu zwingen, verklage ich Sie alle. Sie alle, hören Sie? Das ist Amerika, wissen Sie! Leute haben Millionen zugesprochen bekommen, und zwar für viel weniger als das hier.« Und just in diesem Moment, der besonders bedrohlich hätte sein sollen, begann ich zu weinen.

»Warum müssen Sie nach Amsterdam fliegen?«, fragte er. »Ist jemand in Ihrer Familie krank?« Ich schüttelte den Kopf.

»Ist es wegen eines Mädchens?«

Ich nickte. »Aber es geht nicht um sie. Es ist einfach nur, dass ich nicht mehr hier sein kann.«

Der Pilot war für einen Augenblick still, dann fragte er: »Sind Sie je auf einem Klappsitz geflogen?«

Ich brachte es fertig, meine Tränen ausreichend zu unterdrücken, um nein zu sagen.

»Ich warne Sie im Vorhinein«, sagte er lächelnd. »Es ist sehr unbequem. Aber so kommen Sie hier raus, und außerdem haben Sie eine gute Geschichte zu erzählen.«

Und da hatte er recht.

Verwirrungspark

Als ich ein kleiner Junge war, nahm mich mein Vater mit, einen Freund der Familie zu besuchen, dem ein Finger fehlte. Als der Mann sah, wie ich seine vierfingrige Hand anstarrte, erzählte er mir, dass er in einer Fabrik gearbeitet hatte. Eines Tages war seine Armbanduhr in eine Maschine gefallen, und als er instinktiv danach gegriffen hatte, schnitten die scharfen Klingen seinen Finger ab.

»Es war nur ein Sekundenbruchteil«, sagte er seufzend. »Aber als das Gehirn meinem Arm mitgeteilt hatte, dass es besser wäre, nicht in die Maschine zu greifen, hatte ich schon nur noch neun Finger übrig.«

Ich erinnere mich, dass ich ihm aufmerksam zuhörte und mich bemühte, nicht traurig auszusehen. Aber das mächtige Gefühl der Hybris, das tief in mir pulsierte, sagte mir, dass solche Dinge wohl Fremden passieren konnten, wenn sie Pech hatten, aber nicht mir.

»Wenn ich jemals eine Uhr in eine Maschine voller Klingen fallen lasse«, dachte ich, »werde ich ganz

sicher nicht etwas so Blödes tun, wie in sie hinein-
zugreifen.«

Vor einigen Wochen dachte ich an diese Geschichte,
und zwar an dem Morgen, als meine Frau und ich unserem fast sechsjährigen Sohn mitteilten, dass wir
einen Familienurlaub in Paris machen würden. Meine
Frau sprach begeistert über den Eiffelturm und den
Louvre, und ich murmelte etwas über das Centre Pom-
pidou und den Jardin du Luxembourg. Lev zuckte nur
die Achseln und fragte lustlos, ob wir stattdessen nach
Eilat gehen könnten. »Das ist fast wie ins Ausland
fahren«, argumentierte er, »aber jeder spricht Hebräisch.«

Und dann passierte der Sekundenbruchteilirrtum,
für den ich teuer bezahlen sollte. Die Art von Fehler,
der einem zwar keine Finger nimmt, aber eine emotionale Narbe hinterlässt, von der man sich nicht mehr
erholt.

»Hast du je von Euro Disney gehört?«, fragte ich mit
einer Stimme, so heiter, dass sie schon am Rand der
Hysterie war.

»Euro was?«, fragte Lev. »Was ist das?«

Meine Frau sprang sofort mit ihrem gutfunktio-
nierenden Überlebensinstinkt in die Bresche. »Oh,
nichts«, sagte sie. »Das ist nur dieser Ort, wo – weißt
du, es ist wirklich weit weg und sehr dumm. Komm,
schauen wir uns Bilder vom Eiffelturm im Internet
an.«

Aber Lev lebte plötzlich auf. »Ich will den Eiffel nicht sehen. Ich will Bilder von dem Ort sehen, von dem Papa gerade gesprochen hat.«

An diesem Nachmittag, als der Junge in seinem Capoeira-Kurs war, in dem man ihn über die letzten zwei Jahre zum Experten darin gemacht hatte, andere Leute zu brasilianischen Rhythmen zu treten, bat ich meine Frau um Vergebung. »Er wirkte so überhaupt nicht erfreut über die Reise, und ich wollte ihn aufmuntern.«

»Ich weiß«, sagte sie und umarmte mich fest. »Hab keine Angst. Was auch immer wir da überstehen müssen, es wird schnell vorbeigehen. Wie schrecklich es auch wird, es ist nur ein einziger Tag vom Rest unseres Lebens.«

Zwei Wochen später, an einem grauen, feuchten Sonntagmorgen fanden wir uns vor Kälte zitternd auf dem Vorplatz des Ortes, der heute Disneyland Paris heißt. Trübselige Angestellte in bunten Uniformen blockierten unseren Zugang zu den Attraktionen. »Im Augenblick ist der Eintritt nur den Gästen des Disney-Hotels und den Inhabern des Disney-Passes erlaubt, den man an der Kasse kaufen kann«, erklärte eine von ihnen mit einer kehlig traurigen Amy-Winehouse-Stimme.

»Mir ist kalt«, jammerte Lev. »Ich will, dass die Frau uns reinlässt!«

»Das kann sie nicht«, sagte ich und blies in dem

armseligen Versuch, den aus seinen Nasenlöchern hängenden gefrorenen Rotz zu schmelzen, warme Luft auf seine Nase.

»Aber die sind reingegangen!«, heulte er und zeigte auf eine fröhliche Gruppe von Kindern, die Mrs Winehouse ihre glänzenden Disney-Pässe gezeigt hatten. »Wieso dürfen die rein und ich nicht?«

Ich probierte es mit einer unpassend ernsthaften Antwort. »Erinnerst du dich daran, wie wir im Sommer über die sozialen Proteste gesprochen haben? Darüber, wie eben nicht jeder die gleichen Möglichkeiten kriegt?«

»Ich will Mickey!«, weinte er. »Ich will mit Mickey über das hier reden. Wenn er und Pluto wüssten, was diese Frau tut, würden sie uns reinlassen!«

»Mickey und Pluto gibt es nicht wirklich«, sagte ich. »Und auch wenn es sie gäbe, – wie wahrscheinlich ist es, dass ein Hund und eine Maus die Profitmaximierungspolitik eines erfolgreichen börsennotierten Konglomerates beeinflussen könnten? Wenn Mickey wirklich käme, um uns zu helfen, würde er aller Wahrscheinlichkeit nach so schnell gefeuert, dass –«

»Popcorn!«, brüllte der Junge. »Ich will Popcorn! Solches im Dunkeln leuchtende Popcorn, wie es das fette Mädchen da hat!«

Nach zwei Schachteln ungewöhnlich klebrigen Popcorns, das später am Abend zu phosphoreszierender Kacke werden würde, ließ Winehouse uns und etwa tausend andere verzweifelte Familien herein, und wir alle warfen uns auf die Attraktionen. Meine Peacenik-Ehefrau trat kurz zur Seite, nur weil sie vermeiden wollte, auf ein weinendes Baby zu trampeln, was uns noch zwanzig Minuten mehr Wartezeit am Dumbo-Karussell einbrachte. Die Schlange schien sehr kurz, solange wir darin standen. Das ist vielleicht der wahre Genius des Ortes: die Fähigkeit, die Menschenschlangen so zu organisieren, dass sie immer kurz aussehen. Während wir warteten, las ich auf meinem iPhone einige interessante Kleinigkeiten über Walt Disney. Die Website, auf der ich war, erklärte, dass Disney keineswegs, wie es die Legende behauptete, ein Nazi gewesen sei, sondern nur ein normaler Antisemit, der Kommunisten gehasst und überdurchschnittliche Zuneigung zu den Deutschen gehabt habe.

Um uns im verwirrenden Labyrinth der Warteschlangen waren ein paar ornamentale Steinpfosten verteilt, aus denen kleine Pflanzen sprossen. Lev beschwerte sich, dass die Miniaturbäume stanken. Erst sagte ich ihm, dass er sich das nur einbilde, aber nachdem ich den dritten Vater dabei beobachtet hatte, wie er seinen Sohn über solch einen Pfosten hob, damit der darauf pinkeln konnte, wurde mir klar, dass derselbe Gott, der die Designer des Parks mit transzendenter architektonischer Weisheit beschenkt hatte, auch meinen Sohn mit scharfen Sinnen gesegnet hatte. Es war jetzt ein wenig wärmer, und Levs Rotz war wieder flüssig. Meine Frau schickte mich los, um Taschentücher zu besorgen. Auf meiner kurzen Exkursion fand ich heraus, dass alles, was man für Geld kaufen kann, problemlos im Park zu bekommen war, dass aber nichtprofitable Dinge wie Toiletten, Strohhalme oder Papiertücher praktisch unmöglich zu finden waren. Als ich zu meiner Familie zurückkam, kletterte Lev gerade glücksstrahlend vom Dumbo-Karussel. Er lief zu mir und umarmte mich.

»Papa! Das war toll!« Wie auf ein Stichwort erschien eine riesige Mickey Maus und begann, mit den Besuchern zu plaudern.

»Sag Mickey«, wies mich Lev an, »dass wir ein Shekel Disney genau wie dieses in Israel eröffnen wollen.«

»Was ist ein Shekel Disney?«, fragte ich.

»Das ist so wie hier«, erklärte mein Finanzzwerg, »aber statt von den Leuten Euros zu nehmen, nehmen wir Shekel.«

Mickey kam näher. Jetzt war er so nahe, dass wir ihn hätten berühren können. In der Hoffnung, so das Eis zu brechen, warf ich ein »*Bonjour*« in seine Richtung.

Mickey winkte uns mit seiner behandschuhten vierfingrigen Hand zu. »*Welcome to Disneyland Paris!*«

JAHR 6

Ganz unten

Ich habe einen guten Vater. Da habe ich Glück, ich weiß. Nicht jeder hat einen guten Vater. Letzte Woche bin ich mit ihm zu einem Routinetest ins Krankenhaus gegangen, und die Ärzte haben uns gesagt, dass er sterben wird. Er hat fortgeschrittenen Krebs an der Wurzel seiner Zunge. Jene Art von Krebs, von der man nicht mehr gesund wird. Der Krebs hat meinen Vater schon vor einigen Jahren überfallen, die Ärzte waren damals optimistisch, und er hat es wirklich geschafft.

Diesmal, sagten die Ärzte, gebe es folgende Optionen: Wir könnten entweder gar nichts tun, und mein Vater würde in einigen Wochen sterben. Oder er könnte sich einer Chemotherapie unterziehen, und falls das funktioniere, würde es ihm noch ein paar zusätzliche Wochen bescheren. Oder sie könnten ihm Strahlungstherapie geben, aber das würde aller Wahrscheinlichkeit nach mehr schmerzen als helfen. Oder sie könnten operieren und seine Zunge und seinen Kehlkopf herausnehmen. Es wäre eine komplizierte Operation, die länger als zehn Stunden dauern würde, und in Anbetracht des fortgeschrittenen Alters meines Vaters hielten die Ärzte das nicht für eine realistische Möglichkeit. Meinem Vater aber gefiel die Idee. »In meinem Alter brauche ich keine Zunge mehr, nur Augen im Kopf und ein Herz, das schlägt«, erklärte er der jungen Onkologin. »Das Schlimmste, was passieren kann, ist, dass ich Ihnen nicht sagen kann, wie schön Sie sind. Dann schreibe ich es auf.«

Die Ärztin wurde rot. »Es geht nicht nur um die Sprache. Es ist das Trauma der Operation. Es ist das Leiden und die Rehabilitation, falls Sie überleben. Wir sprechen hier von einer gewaltigen Einbuße an Lebensqualität.«

»Ich liebe das Leben.« Mein Vater schenkte ihr sein eigensinniges Lächeln. »Wenn die Qualität gut ist, umso besser. Wenn nicht, dann eben nicht. Ich bin nicht wählerisch.«

Auf dem Heimweg im Taxi hielt mein Vater meine Hand, als ob ich wieder fünf Jahre alt wäre und wir eine sehr befahrene Straße überqueren wollten. Er sprach aufgeregt von den verschiedenen Behandlungsmöglichkeiten, so wie ein Unternehmer über neue Geschäftsideen spricht. Mein Vater ist Geschäftsmann. Kein Tycoon im dreiteiligen Anzug, nur ein gewöhnlicher Mann, der gern kauft und verkauft, und wenn er nicht kaufen oder verkaufen kann, ist er bereit zu vermieten oder zu mieten. Für ihn ist das Geschäft ein Weg, Leute zu treffen, sich zu unterhalten, ein wenig

Bewegung in die Sache zu bringen. Man muss ihn nur eine Schachtel Zigaretten am Kiosk kaufen lassen, und innerhalb von zehn Minuten spricht er mit dem Mann hinter der Theke über eine mögliche Partnerschaft. »Wir sind hier wirklich in einer idealen Situation«, sagte er völlig ernsthaft, während er meine Hand streichelte. »Ich treffe gerne Entscheidungen, wenn die Dinge auf dem Tiefpunkt sind. Und die Situation ist so ein Dreck, dass ich nur als Gewinner daraus hervorgehen kann: Mit Chemo sterbe ich praktisch sofort, mit der Bestrahlung bekomme ich Wundbrand im Kiefer, und jeder ist sicher, dass ich die Operation nicht überleben werde, weil ich dreiundachtzig bin. Kannst du dir vorstellen, wie viele Grundstücke ich genau so gekauft habe? Wenn der Eigentümer nicht verkaufen wollte und ich keinen Groschen in der Tasche hatte?«

»Ich weiß«, sagte ich. Und ich weiß es wirklich.

Als ich sieben war, zogen wir um. Unser altes Apartment war in derselben Straße wie das neue, und wir alle liebten es, aber mein Vater bestand darauf, dass wir eine größere Wohnung bräuchten. Während des Zweiten Weltkriegs versteckten sich mein Vater, seine Eltern und noch ein paar Menschen fast sechshundert Tage lang in einem Loch im Boden in einer polnischen Stadt. Das Loch war so klein, dass sie darin weder stehen noch sich hinlegen konnten, sondern nur sitzen. Als die Russen die Region befreiten, mussten sie meinen Vater und meine Großeltern heraustragen, weil sie sich allein nicht bewegen konnten. Ihre Muskeln waren atrophiert. Die Zeit, die er in dem Loch verbracht hatte, hatte ihn in Fragen der Privatsphäre recht empfindlich gemacht. Der Umstand, dass mein Bruder, meine Schwester und ich in dem gleichen Raum aufwuchsen, machte ihn regelrecht verrückt. Er wollte, dass wir in eine Wohnung zögen, in der wir alle unsere eigenen Zimmer haben könnten. Uns Kindern gefiel es, ein Schlafzimmer zu teilen, aber wenn mein Vater einmal etwas entschieden hat, kann man nichts mehr dagegen machen.

Eines Samstags, ein paar Wochen bevor wir unser altes Apartment, das er schon verkauft hatte, hätten verlassen sollen, ging mein Vater mit uns die neue Wohnung ansehen. Wir alle duschten und zogen uns unsere schönsten Kleider an, obwohl wir wussten, dass wir dort niemanden treffen würden. Aber man geht ja nicht jeden Tag seine neue Wohnung besichtigen.

Obgleich das Gebäude fertiggestellt war, wohnte noch niemand darin. Nachdem er sichergestellt hatte, dass wir alle im Lift waren, drückte mein Vater auf den Knopf für den fünften Stock. Es war eines der wenigen Häuser in der Gegend, die einen Lift hatten, und sogar die kurze Fahrt war aufregend. Mein Vater öffnete die Wohnungstür aus verstärktem Stahl und begann, uns die Zimmer zu zeigen. Zuerst die Kinderzimmer, dann das Elternschlafzimmer und schließlich das Wohnzimmer und den riesigen Balkon. Die Aussicht war großartig, und wir alle, besonders mein Vater, waren entzückt über den magischen Ort, der unser neues Heim sein würde.

»Habt ihr je so eine Aussicht gesehen?«, fragte er, umarmte meine Mutter und zeigte auf den grünen Hügel, den man durchs Wohnzimmerfenster sah.

»Nein«, antwortete meine Mutter ohne Enthusiasmus.

»Warum schaust du so mürrisch?«

»Weil hier kein Fußboden ist«, flüsterte meine Mutter und sah hinunter auf den Schmutz und die freiliegenden Metallröhren unter unseren Füßen. Erst in diesem Moment blickten ich, mein Bruder und meine Schwester hinab und sahen, was meine Mutter sah. Ich meine, wir hatten schon vorher alle gesehen, dass da kein Fußboden war, aber irgendwie, wegen der Begeisterung und des Enthusiasmus meines Vaters, hatten wir diesem Umstand keine große Beachtung geschenkt. Mein Vater blickte jetzt ebenfalls hinab.

»Entschuldigung«, sagte er. »Es war kein Geld mehr übrig.«

»Nach dem Umzug muss ich den Boden putzen«, sagte meine Mutter mit ihrer alltäglichsten Stimme. »Ich kann Kacheln putzen, aber nicht Sand.«

»Du hast recht«, sagte mein Vater und versuchte, sie zu umarmen.

»Der Umstand, dass ich recht habe, wird mir nicht helfen, das Haus sauber zu kriegen.«.

»Okay, okay«, sagte mein Vater. »Wenn du jetzt aufhörst, darüber zu sprechen, und mir eine Minute lässt, wird mir was einfallen. Das weißt du, nicht wahr?«

Meine Mutter nickte, aber es sah nicht sehr überzeugend aus. Die Liftfahrt hinab war weniger froh.

Als wir einige Wochen später in das neue Apartment einzogen, waren die Böden zur Gänze mit Keramikkacheln belegt, in jedem Raum eine andere Farbe. Im sozialistischen Israel der frühen siebziger Jahre gab es nur eine Art von sesamfarbener Kachel, und diese bunten Böden in unserer Wohnung – rot, schwarz und braun – waren anders als alles, was wir je gesehen hatten.

»Siehst du!« Mein Vater küsste meine Mutter stolz auf die Stirn. »Ich habe dir gesagt, mir fällt was ein.«

Erst einen Monat später fanden wir heraus, was genau ihm eingefallen war. Ich war gerade allein zu Hause und nahm eine Dusche, als ein grauhaariger Mann in einem weißen Button-down-Hemd mit einem jungen Paar in unser Badezimmer kam. »Das sind unsere vulkanroten Kacheln. Direkt aus Italien«, sagte er und zeigte auf den Boden. Die Frau entdeckte mich als Erste, wie ich sie nackt und eingeseift anstarrte. Die drei entschuldigten sich schnell und verließen das Badezimmer.

An diesem Abend, als ich allen erzählte, was geschehen war, verriet mein Vater uns sein Geheimnis. Da er nicht das Geld gehabt hatte, um für Bodenkacheln

zu bezahlen, hatte er einen Handel mit der Keramik-
firma abgeschlossen: Sie würden uns die Kacheln umsonst geben, und mein Vater würde ihnen gestatten,
unsere Wohnung als Modellapartement zu benützen.

Das Taxi hatte schon die Wohnung meiner Eltern
erreicht. Als wir ausstiegen, hielt mein Vater immer
noch meine Hand. »Genau so treffe ich gern Entscheidungen, wenn es nichts zu verlieren und alles
zu gewinnen gibt«, wiederholte er. Als wir die Wohnungstür öffneten, begrüßte uns ein angenehmer,
wohlvertrauter Geruch: Hunderte farbiger Bodenkacheln und eine einzige kraftvolle Hoffnung. Wer weiß?
Vielleicht werden uns auch diesmal das Leben und
mein Vater mit einem unerwarteten Handel überra-
schen.

Pyjamaparty

Über die Jahre habe ich eine interessante Tatsache über meine verkorkste Persönlichkeit gelernt: Wenn es darum geht, eine Verpflichtung einzugehen, gibt es eine umgekehrte Korrelation zwischen ihrer zeitlichen Nähe und meiner Bereitschaft, mich auf sie einzulassen. Zum Beispiel könnte ich höflich die bescheidene Bitte meiner Frau zurückweisen, ihr heute eine Tasse Tee zu kochen, aber ich würde großzügig zusagen, morgen einkaufen zu gehen. Ich habe kein Problem, einem entfernten Verwandten zuzusagen, ihm in einem Monat bei dem Umzug in eine neue Wohnung zu helfen, und wenn es erst in sechs Monaten stattfinden soll, habe ich auch kein Problem damit, mich dafür anzubieten, nackt mit einem Polarbären zu ringen. Das einzige signifikante Problem mit diesem Charakterzug liegt darin, dass die Zeit sich voranbewegt, und wenn man sich schließlich in der gefrorenen arktischen Tundra zitternd vor Kälte einem Bären mit weißem Fell und gefletschten Zähnen gegenüberfindet, fragt man sich doch unwillkürlich, ob man nicht besser schon vor einem Jahr nein gesagt hätte.

Auf meiner letzten Reise nach Zagreb in Kroatien, wo ich an einem Literaturfestival teilnehmen sollte, musste ich nicht mit Polarbären ringen, aber viel besser war es auch nicht. Auf dem Weg zum Hotel ging ich mit Roman, dem Organisator des Festivals, den Veranstaltungsplan durch – und plötzlich sagte er nonchalant: »Ich hoffe, du hast nicht vergessen, dass du zugesagt hast, an unserem Kulturprojekt teilzunehmen und die Nacht im Museum zu verbringen.« Ich hatte das tatsächlich völlig vergessen, oder richtiger: Ich hatte die Erinnerung daran vollständig verdrängt. Aber später, im Hotel, sah ich, dass ich vor sieben Monaten eine E-Mail bekommen hatte, in der ich gefragt wurde, ob ich während des Festivals eine Nacht im Museum für Zeitgenössische Kunst verbringen und danach über das Erlebnis schreiben könnte. Meine Antwort bestand aus zwei Worten: *Warum nicht!*

Aber nun, als ich mir in meinem angenehmen, komfortablen Hotelzimmer vorstellte, wie ich in einem dunklen Museum eingesperrt wäre, zur Nacht gebettet auf einer rostigen Metallskulptur mit Namen *Jugoslawien, geteiltes Land* und zugedeckt mit einem aus dem Garderobeneingang gerissenen zerfledderten Vorhang, kam mir die entgegengesetzte Frage in den Sinn: *Warum ja?*

Nach der literarischen Veranstaltung sitze ich mit den anderen Teilnehmern um einen Holztisch in einer Bar. Es ist schon fast Mitternacht, als Carla, Romans Assistentin, mir sagt, dass es jetzt Zeit ist, allen gute Nacht zu sagen. Ich muss ins Museum. Die Schriftsteller, einige von ihnen leicht betrunken, stehen auf und verabschieden sich mit dramatischen Gesten von mir. Der bullige baskische Dichter umarmt mich fest und sagt: »Ich hoffe, ich sehe dich morgen wieder«, eine deutsche Übersetzerin wischt eine Träne weg, nachdem sie meine Hand geschüttelt hat – oder vielleicht hat sie auch nur ihre Kontaktlinse zurechtgerückt.

Der Nachtwächter im Museum versteht kein Wort Englisch, von Hebräisch ganz zu schweigen. Er führt mich durch eine Reihe dunkler Hallen zu einem Seitenlift, der uns einen Stock hinauf zu einem geräumigen, wunderschönen Raum mit einem säuberlich gemachten Bett in der Mitte bringt. Er macht eine Geste, von der ich annehme, dass sie bedeutet, ich dürfte mich frei im Museum bewegen. Ich bedanke mich mit einem Nicken.

Sobald der Wächter gegangen ist, gehe ich ins Bett und versuche einzuschlafen. Ich habe mich noch immer nicht ganz von meinem Flug am frühen Morgen erholt, und die Biere nach der Veranstaltung haben auch nicht gerade dazu beigetragen, mich wach zu halten. Meine Augen beginnen sich zu schließen, aber

ein anderer Teil meines Gehirns will sich nicht unter-
werfen. Wie oft im Leben werde ich die Möglichkeit
haben, in einem leeren Museum herumzuwandern?
Es wäre Verschwendung, keinen kleinen Spaziergang
zu machen. Das Museum ist nicht riesig, aber da es
fast dunkel ist, fällt es mir schwer, mich zurechtzufin-
den. Ich gehe an Gemälden und Skulpturen vorbei
und versuche, mich an sie zu erinnern, damit ich sie
als Orientierungspunkte verwenden kann, um wieder
zu dem Lift zu finden, der mich zurück zum beque-
men Bett bringt. Nach einigen Minuten lassen Furcht
und Müdigkeit ein wenig nach, und es gelingt mir,
die ausgestellten Werke nicht nur als Orientierungspunkte, sondern als Kunstwerke zu sehen. Ich wan-
dere durch die Hallen und komme immer an die gleiche Stelle zurück. Vor einer riesigen Fotografie eines
wunderschönen Mädchens, dessen Augen sich in
mich hineinzubohren scheinen, setze ich mich auf
den Boden. Der über das Foto gekritzelte Text zitiert
das Graffiti eines unbekannten holländischen Soldaten, der Teil der 1994 nach Bosnien geschickten UN-
Schutztruppe war:

Keine Zähne?
Schnurrbart? Riecht wie Scheiß ...?
Bosnisches Mädchen!

Das wuchtige Werk erinnert mich an etwas, das ich an diesem Nachmittag in einem Straßencafé in Zagreb gehört habe. Dort hat der Kellner mir erzählt, dass die Gäste während des Krieges Schwierigkeiten hatten, das richtige Wort zu finden, um Kaffee zu bestellen. Das Wort *Kaffee*, hat er erklärt, ist auf Kroatisch, Bosnisch und Serbisch unterschiedlich, und jede unschuldige Wortwahl war mit politischen Konnotationen belastet. »Um Ärger zu vermeiden«, hat er gesagt, »fingen die Leute an, Espresso zu bestellen, ein neutrales italienisches Wort. Und über Nacht hörten wir auf, Kaffee anzubieten, und haben nur noch Espresso serviert.«

Während ich vor dem Kunstwerk sitze und über Worte, über Xenophobie und über Hass an dem Ort, von dem ich komme, und an dem Ort, wo ich gerade bin, nachdenke, fällt mir auf, dass die Sonne aufgeht. Die Nacht ist vorbei, und ich bin gar nicht dazu gekommen, mich des luxuriös weichen Bettes zu erfreuen, das der Wärter für mich gemacht hat.

Ich stehe auf, verlasse die Ecke des Raumes, in der ich gesessen habe, und verabschiede mich von dem Mädchen auf dem Bild. Im Tageslicht ist sie sogar noch schöner. Es ist acht Uhr morgens. Als ich zum Ausgang gehe, kommen die ersten Besucher, Stadtführer in Händen, herein.

Jungen weinen nicht

Mein Sohn Lev beschwert sich, dass er mich noch nie hat weinen sehen. Er hat seine Mutter mehrmals weinen sehen, vor allem wenn sie ihm eine Geschichte mit traurigem Ende vorliest. Er hat einmal seine Großmutter weinen sehen, als er ihr an seinem dritten Geburtstag gesagt hat, dass sein Wunsch ist, dass Großvater wieder gesund werden soll. Er hat einmal sogar gesehen, wie seine Kindergartenlehrerin geweint hat, als sie einen Anruf bekam, der ihr mitteilte, dass ihr Großvater gestorben war. Und bei dieser ganzen Angelegenheit ist mir unbehaglich zumute.

Ich bin in einer Menge Sachen, von denen man erwartet, dass Eltern damit umgehen können, nicht sehr gut. Levs Kindergarten ist voller Väter, die sofort ihre Werkzeugkästen aus dem Kofferraum holen, wenn etwas kaputtgeht, und die Schaukeln und Wasserrohre reparieren können, ohne sich auch nur anzustrengen. Der Vater meines Sohnes ist der Einzige, der niemals einen Werkzeugkasten aus seinem Kofferraum holt, weil er weder einen Werkzeugkasten noch ein Auto besitzt. Und sogar wenn er das täte, würde er nicht wissen, wie man etwas repariert. Aber von so einem Vater, der kein Techniker, sondern ein Künstler ist, erwartet man, dass er wenigstens weiß, wie man weint.

»Ich nehm dir nicht übel, dass du nicht weinst«, sagt Lev und legt die kleine Hand auf meinen Arm, als ob er fühlt, wie unbehaglich mir zumute ist. »Ich versuche nur zu verstehen, warum. Warum weint Mami und du nicht?«

Ich erzähle Lev, dass ich über so gut wie alles weinen musste, als ich in seinem Alter war: Filme, Geschichten, sogar das Leben. Jeder Straßenbettler, jede überfahrene Katze, jeder abgetragene Halbschuh ließ mich in Tränen ausbrechen. Die Leute um mich hielten das für ein Problem, und zum Geburtstag bekam ich ein Buch, das Kindern beibringen sollte, nicht zu weinen. Der Held des Buches weint viel, bis er einen imaginären Freund trifft, der ihm vorschlägt, die Tränen jedes Mal, wenn sie ihm aufsteigen, als Treibstoff für etwas anderes zu nutzen: ein Lied singen, einen Ball treten, einen kleinen Tanz veranstalten. Ich las das Buch ungefähr fünfzigmal, und ich übte das, was es vorschlug, wieder und wieder, bis ich schließlich so gut im Nichtweinen war, dass es ganz von selbst passierte. Und jetzt bin ich so gut darin, dass ich nicht weiß, wie ich mit dem Nichtweinen aufhören kann.

»Also als du ein Kind warst«, fragt Lev, »hast du jedes Mal, wenn du weinen wolltest, stattdessen gesungen?«

»Nein«, gab ich zu. »Ich kann nicht singen. Also habe ich meistens, wenn ich Tränen aufsteigen fühlte, jemanden geschlagen.«

»Das ist seltsam«, sagt Lev mit nachdenklicher Stimme. »Ich schlage normalerweise jemanden, wenn ich glücklich bin.«

Das erscheint uns als der richtige Moment, um zum Kühlschrank zu gehen und uns Käsestangen zu holen. Wir sitzen im Wohnzimmer und knabbern schweigend. Vater und Sohn. Zwei männliche Wesen. Wenn Sie an die Tür klopfen und nett fragen würden, würden wir Ihnen sofort Käsestangen anbieten, aber wenn Sie stattdessen etwas tun, das uns traurig oder glücklich macht, gäbe es eine gute Chance, dass Sie ein wenig aufgemischt werden.

Unfall

»Dreißig Jahre bin ich Taxifahrer«, sagt der kleinge-wachsene Mann hinter dem Lenkrad. »Dreißig Jahre und kein einziger Unfall.« Vor fast einer Stunde bin ich in Beersheba in sein Taxi gestiegen, und er hat nicht eine einzige Sekunde mit dem Reden aufgehört. Unter anderen Umständen würde ich ihn bitten, ru-hig zu sein, aber ich habe heute nicht die nötige Ener-gie. Unter anderen Umständen würde ich auch nicht 350 Shekel für ein Taxi nach Tel Aviv bezahlen. Ich würde die Bahn nehmen. Aber heute habe ich das Ge-fühl, dass ich so früh wie möglich nach Hause muss. Wie ein schmelzender Eiszapfen, der zurück zum Ge-frierfach, wie ein Mobiltelefon, das unbedingt aufge-laden werden muss.

Ich habe die letzte Nacht mit meiner Frau im Ichi-lov-Krankenhaus verbracht. Sie hatte eine Fehlgeburt und hat stark geblutet. Wir dachten, alles wäre in Ord-nung, bis sie ohnmächtig wurde. Erst in der Notauf-nahme sagte man uns, dass ihr Leben in Gefahr sei, und sie bekam eine Bluttransfusion, was das perfekte

Ende für eine Woche war, in der die Ärzte meines Vaters mir und meinen Eltern gesagt hatten, dass der Krebs an der Wurzel seiner Zunge zurückgekommen ist.

Der Taxifahrer wiederholt zum hundertsten Mal, dass er in dreißig Jahren keinen einzigen Unfall hatte und dass sein Auto vor fünf Tagen ganz plötzlich die Stoßstange eines Autos »geküsst« hat, das mit 50 Stundenkilometern vor ihm gefahren ist. Als sie stehen blieben und nachschauten, sah er, dass das andere Auto bis auf einen Kratzer auf der linken Seite der Stoßstange nicht beschädigt war. Er bot dem anderen Fahrer 200 Shekel in bar, aber der Fahrer bestand darauf, Versicherungsdaten auszutauschen. Am nächsten Tag bat ihn der Fahrer, ein Russe, zu einer Garage zu kommen, und er und der Besitzer – wahrscheinlich ein Freund von ihm – zeigten ihm eine riesige Beule auf der anderen Seite des Autos und sagten ihm, dass der Schaden 2000 Shekel betragen würde. Der Taxifahrer weigerte sich zu zahlen, und nun wollte die Versicherung des anderen Mannes ihn verklagen.

»Keine Sorge, das kommt schon in Ordnung«, sage ich in der Hoffnung, dass meine Worte ihn dazu bringen, für eine Minute mit dem Reden aufzuhören.

»Wie soll das in Ordnung kommen? Die werden mich fertigmachen. Diese Schweine werden das Geld aus mir herauspressen. Sehen Sie, wie unfair das ist? Ich habe seit fünf Tagen nicht geschlafen. Verstehen Sie, was ich sage?«

»Denken Sie nicht dran«, schlage ich vor. »Versuchen Sie, über andere Dinge nachzudenken. Glückliche Dinge.«

»Ich kann nicht.« Der Taxifahrer ächzt und verzieht das Gesicht. »Ich kann einfach nicht.«

»Dann hören Sie auf, mit mir darüber zu reden«, sage ich. »Machen Sie weiter mit dem Denken und Leiden, aber sagen Sie nichts mehr darüber zu mir. Okay?«

»Es ist nicht das Geld«, sagt der Taxifahrer. »Glauben Sie mir, es ist die Ungerechtigkeit, die mich fertigmacht.«

»Halten Sie den Mund.« Jetzt endlich raste ich aus. »Halten Sie für eine Minute den Mund!«

»Warum schreien Sie?«, fragt der Taxifahrer gekränkt. »Ich bin ein alter Mann. Das ist nicht nett.«

»Ich schreie, weil mein Vater sterben wird, wenn sie ihm nicht die Zunge aus dem Mund schneiden«, schreie ich. »Ich schreie, weil meine Frau nach einer Fehlgeburt im Krankenhaus ist.«

Der Fahrer ist still, zum ersten Mal, seit ich in sein Taxi gestiegen bin. Und jetzt bin es plötzlich ich, der den Strom der Worte nicht anhalten kann.

»Machen wir einen Handel«, sage ich. »Bringen Sie mich zu einem Geldautomaten, und ich hebe 2000 Shekel ab und gebe sie Ihnen. Im Austausch dafür soll es dann Ihr Vater sein, dem man die Zunge herausnehmen muss, und Ihre Frau, die in einem

Krankenhausbett liegt und nach einer Fehlgeburt eine Bluttransfusion bekommt.« Der Fahrer ist immer noch still. Und jetzt bin ich es auch. Es ist mir etwas unangenehm, dass ich ihn angeschrien habe, aber nicht so unangenehm, dass ich mich dafür entschuldige. Um seinen Blick zu vermeiden, sehe ich aus dem Fenster. Auf dem Straßenschild, an dem wir vorbeifahren, steht »Rosh Ha'ayin«, und mir wird klar, dass wir die Abfahrt nach Tel Aviv verpasst haben. Ich sage es ihm höflich, oder vielleicht schreie ich ihn auch an, ich erinnere mich nicht mehr. Er sagt, ich solle mir keine Sorgen machen. Zwar kenne er den Weg nicht wirklich, aber er brauche nur eine Minute, um ihn zu finden.

Ein paar Sekunden später hält er auf der rechten Fahrspur der Autobahn, um so einen anderen Fahrer zum Anhalten zu bringen. Er macht sich daran, auszusteigen, um zu fragen, wie man nach Tel Aviv kommt. »Sie werden uns beide umbringen«, sage ich. »Sie können hier nicht stehen bleiben!«

»Dreißig Jahre fahre ich Taxi«, sagt er, während er aussteigt. »Dreißig Jahre und kein einziger Unfall.« Alleine im Taxi fühle ich die Tränen aufsteigen. Ich will nicht weinen. Ich will mich nicht selbst bemitleiden. Ich möchte positiv sein, wie mein Vater. Meiner Frau geht es jetzt gut, und wir haben schon einen wunderbaren Sohn. Mein Vater hat den Holocaust überlebt und ein Alter von dreiundachtzig Jahren erreicht. Das ist nicht nur ein halbvolles Glas, es ist ein überfließendes. Ich will nicht weinen. Nicht in diesem Taxi. Die Tränen schwellen auf und werden gleich anfangen zu fließen. Plötzlich höre ich einen Knall und das Geräusch von zerberstenden Fenstern. Die Welt um mich zerschellt. Ein silbernes Auto schleudert völlig zerstört über die Fahrspur neben mir. Das Taxi bewegt sich auch. Aber nicht auf dem Boden. Es schwebt auf die Betonwand am Straßenrand zu. Nachdem es sie getroffen hat, ist da noch ein Knall. Ein anderes Auto muss gegen das Taxi gefahren sein.

In der Ambulanz sagt mir ein Sanitäter mit Yarmulke auf dem Kopf, dass ich sehr viel Glück hatte. Ein Unfall dieser Art ohne Tote ist ein Wunder. »In der Minute, in der man Sie aus dem Krankenhaus entlässt«, sagt er, »sollten Sie zur nächsten Synagoge laufen und dafür danken, dass Sie noch am Leben sind.« Mein Telefon klingelt. Es ist mein Vater. Er ruft an, um zu fragen, wie mein Tag an der Universität war und ob der Kleine schon schläft. Ich sage ihm, dass der Kleine schläft und dass mein Tag an der Universität großartig war. Und dass es Shira, meiner Frau, auch gutgeht. Sie ist gerade duschen gegangen.

»Was ist das für ein Lärm?«, fragt er.

»Die Sirene eines Rettungswagens. Gerade ist einer auf der Straße vorbeigefahren.«

Einmal, vor fünf Jahren, als ich mit meiner Frau und meinem kleinen Sohn in Sizilien war, rief ich meinen Vater an, um zu fragen, wie es ihm ging. Er sagte, dass alles in Ordnung sei. Im Hintergrund rief eine Lautsprecherstimme Dr. Shalman zum Operationssaal.

»Wo bist du?«, fragte ich damals.

»Im Supermarkt«, sagte mein Vater, ohne einen Moment zu zögern. »Sie rufen im Lautsprecher aus, dass jemand seine Geldbörse verloren hat.«

Er klang so überzeugend, als er das sagte. So zuversichtlich und froh.

»Warum weinst du?«, fragt jetzt mein Vater am anderen Ende der Leitung.

»Es ist nichts«, sage ich, während der Rettungswagen bei der Unfallstation anhält und der Sanitäter die Türen öffnet. »Es ist wirklich nichts.«

Ein Schnurrbart für meinen Sohn

Vor Levs sechstem Geburtstag fragten wir ihn, ob er etwas Besonderes tun wolle. Er sah mich und meine Frau mit argwöhnischem Blick an und fragte, warum wir etwas Besonderes tun müssten. Ich sagte ihm, dass wir das nicht müssten, dass aber die Leute normalerweise besondere Dinge an ihren Geburtstagen täten, weil der Geburtstag ein besonderer Tag sei. Wenn es etwas gebe, das Lev machen wolle, erklärte ich, wie zum Beispiel das Haus schmücken, einen Kuchen backen oder eine Reise irgendwohin machen, wohin wir normalerweise nicht reisten, würden seine Mutter und ich ihm diesen Wunsch mit Freude erfüllen. Und wenn nicht, könnten wir den Tag einfach wie immer verbringen. Das liege ganz bei ihm. Lev starrte mich ein paar Sekunden aufmerksam an und sagte: »Ich möchte, dass du was Besonderes mit deinem Gesicht machst.«

Und so wurde der Schnurrbart geboren.

Der Schnurrbart ist eine haarige und mysteriöse Kreatur, weit rätselhafter als sein wolligerer Bruder,

der Bart, der eindeutig eine Notlage bezeichnet (etwa: Trauer, religiöse Bekehrung oder an einer verlassenen Insel angeschwemmt werden). Die Assoziationen, die ein Schnurrbart hervorruft, sind mehr nach Art von *Shaft*, Burt Reynolds, deutschen Pornostars, Omar Sharif und Bashar al-Assad – kurz, die siebziger Jahre und Araber. Es ist also nur natürlich, dass ein alter Bekannter, der einen zum ersten Mal mit Schnurrbart sieht, nicht »Wie geht es so?« oder »Was macht die Familie?« oder »Arbeitest du an was Neuem?«, fragt, sondern: »Was soll der Bart?«

Der Zeitpunkt für meinen neuen Bart – zehn Tage nach der Fehlgeburt meiner Frau, eine Woche nachdem ich meinen Rücken in einem Autounfall verletzt und zwei Wochen nachdem mein Vater von seinem inoperablen Krebs erfahren hatte – hätte also besser nicht sein können. Statt über die Chemotherapie meines Vaters oder den Krankenhausaufenthalt meiner Frau zu sprechen, konnte ich allen Small Talk in Richtung des dicken Gesichtshaarbüschels über meiner Oberlippe lenken. Und wann immer jemand »Was soll der Bart?«, fragte, hatte ich die perfekte Antwort, und sie war sogar größtenteils wahr: »Er ist für den Jungen.«

Ein Schnurrbart ist nicht nur ein großartiges Mittel zur Ablenkung; er ist auch ein exzellenter Eisbrecher. Es ist erstaunlich, wie viele Leute, die einen neuen Schnurrbart in der Mitte eines vertrauten Gesichts

sehen, sogleich ihre eigenen privaten Schnurrbartge-
schichten mitteilen wollen. So fand ich heraus, dass
der Akupunkteur, der meinen seit neuestem schmer-
zenden Rücken behandelte, Offizier in einer Elite-
einheit der israelischen Armee gewesen war und dass
er sich einmal einen Schnurrbart ins Gesicht zeichnen
musste. »Es klingt wie ein Witz«, sagte er, »aber wir
waren als Araber verkleidet auf einer Undercover-
Operation, und sie sagten uns, dass die zwei wichtigs-
ten Dinge der Schnurrbart und die Schuhe sind. Wenn
du einen respektablen Schnurrbart und glaubhafte
Schuhe hast, werden dich die Leute sogar dann für
einen Araber halten, wenn deine Eltern aus Polen
sind.«

Er erinnerte sich gut an die Operation. Es war im
Libanon, es war Winter, und sie bewegten sich durchs
offene Feld. Ihnen fiel auf, dass ihnen in einiger Ent-
fernung ein Mann entgegenkam, der eine Kufiya trug.
Über seine Schulter war eine Waffe geschlungen. Sie
legten sich auf den Boden. Ihre Anweisungen waren
klar: Wenn sie jemanden mit einer Kalaschnikow sahen, war das ein Terrorist, und sie hatten augenblicklich zu schießen. Wenn er eine Jagdflinte trug, war er
wahrscheinlich nur ein Hirte.

Mein Akupunkteur hörte übers Walkie-Talkie die
Scharfschützen seiner Einheit streiten. Der eine behauptete, dass er am Kolben sehen könne, dass es eine
in China hergestellte Kalaschnikow sei. Der andere

sagte, sie sei zu lang für eine Kalaschnikow. Er meine, es sei ein altes Gewehr und keine automatische Waffe. Der Mann kam immer näher. Der erste Scharfschütze bat wieder und wieder um Erlaubnis, das Feuer zu eröffnen. Der andere sagte nichts. Mein Akupunkteur lag schwitzend da, ein zwanzigjähriger Junge mit Fernglas und aufgemaltem Schnurrbart, der nicht wusste, was er tun sollte. Sein Oberleutnant flüsterte ihm ins Ohr, dass sie, wenn es wirklich ein Terrorist war, unbedingt jetzt schießen mussten, bevor er sie bemerkte.

Genau in diesem Moment blieb der Mann stehen, drehte sich um und pinkelte. Mein Akupunkteur konnte nun durch sein Fernglas sehen, dass er einen großen Regenschirm trug.

»Das war's«, sagte der Akupunkteur, als er die letzte Nadel aus meiner Schulter zog. »Du kannst dich jetzt anziehen.« Als ich damit fertig war, mein Hemd zuzuknöpfen, und in den Spiegel blickte, sah der Schnurrbart völlig unwirklich aus, genau wie die Geschichte, die ich eben gehört hatte. Die Geschichte von einem Jungen mit einem Geschmiere, das wie ein Schnurrbart aussieht, der fast einen Mann mit einem Regenschirm tötet, der wie eine Flinte aussieht, auf einer Undercover-Operation, die wie Krieg aussieht. Einen Tag nach Levs Geburtstag werde ich diesen Schnurrbart endlich wegrasieren. Die Wirklichkeit, so wie sie ist, ist hier verwirrend genug.

Liebe auf den ersten Whiskey

Vor fünf Jahren feierten meine Eltern ihren neunundvierzigsten Jahrestag unter etwas schwierigen Umständen. Mein Vater saß am festlichen Tisch mit geschwollenen Backen und dem schuldbewussten Gesichtsausdruck von jemand, der in seinem Mund Nüsse versteckt hat. »Seit seiner Zahnimplantation sieht er aus wie ein hinterlistiges Eichhörnchen«, sagte meine Mutter mit mehr als nur ein wenig Häme. »Aber der Arzt hat versprochen, dass es in einer Woche vorbei ist.«

»Sie traut sich, so zu reden«, sagte mein Vater, »weil sie weiß, dass ich sie jetzt nicht beißen kann. Aber keine Sorge, Mamele. Wir Eichhörnchen haben ein gutes Gedächtnis.« Und um diese Behauptung zu beweisen, sprang mein Vater fünfzig Jahre zurück, um mir und meiner Frau zu erzählen, wie er und meine Mutter sich begegnet waren.

Mein Vater war damals neunundzwanzig und hatte einen Job, der darin bestand, elektrische Anlagen in Gebäuden zu installieren. Wann immer er ein Projekt beendet hatte, ging er aus und zechte zwei Wochen lang, bis sein Gehalt ausgegeben war. Danach arbeitete er an einem neuen Projekt. Auf einer seiner Gelagetouren kam er mit ein paar Freunden in ein rumänisches Restaurant am Strand von Tel Aviv. Das Essen war nicht besonders, aber der Alkohol war in Ordnung, und es spielte eine großartige Zigeunerkapelle. Mein Vater war noch im Lokal, lange nachdem die letzten seiner Freunde zusammengebrochen und heimgeschafft worden waren, und lauschte den klagenden Melodien. Auch als die letzten Gäste gegangen waren und der ältere Herr, dem das Lokal gehörte, darauf bestand, dass er jetzt schließen wolle, weigerte sich mein Vater noch, sich von den Musikanten zu trennen, und mit Hilfe von Komplimenten und Geld schaffte er es, sie zu überreden, sein persönliches Orchester dieser Nacht zu sein. Sie gingen die Strandpromenade mit ihm entlang und spielten großartig. Einmal hatte mein Vater den unbezähmbaren Drang zu urinieren, daher bat er seine privaten Musiker um eine schwungvolle Melodie, die zu diesem osmotischen Ereignis passte. Dann ging er zu einer Mauer, um zu tun, was Leute eben nach exzessivem Trinken tun. »Alles war perfekt«, sagte er und lächelte mit seinen Eichhörnchenzähnen, »die Musik, die Umgebung, die Brise vom Meer.«

Ein paar Minuten später wurde seine Euphorie von einem Polizeiwagen unterbrochen, der gerufen worden war, um meinen Vater wegen Ruhestörung und unerlaubtem Demonstrieren zu verhaften. Es stellte sich heraus, dass die Mauer, die er sich zum Urinieren ausgesucht hatte, zur Westseite der französischen Botschaft gehörte, deren Sicherheitsleute meinten, dass der Mann, der hier begleitet von fröhlicher Zigeunermusik pinkelte, einen kreativen politischen Protest in Szene setzte. Die Polizisten stießen meinen Vater, der fröhlich kooperierte, auf den Rücksitz des Autos. Der Sitz war weich und bequem, und nach der langen Nacht war mein Vater froh über die Möglichkeit zu einem Nickerchen. Aber anders als mein Vater waren die Zigeuner nüchtern, leisteten Widerstand und protestierten vehement, dass sie nichts Illegales getan hätten. Die Polizisten versuchten, sie ins Auto zu stoßen, und bei dieser Rangelei biss der zahme Affe eines Musikanten den ranghöchsten Polizisten. Der reagierte mit einem lauten Schrei, welcher wiederum meinen Vater aufweckte, der, wie jeder neugierige Mensch es getan hätte, sofort aus dem Auto stieg, um herauszufinden, was los war. Draußen sah er Polizisten und Zigeuner eine eher komische Schlacht kämpfen, und hinter ihnen sah er neugierige Passanten, die stehen geblieben waren, um das Schauspiel zu verfolgen. Zwischen ihnen stand eine schöne Rothaarige. Sogar durch den Alkoholnebel konnte mein Vater erkennen, dass sie die hinreißendste Frau war, die er je gesehen hatte. Er zog seinen Elektriker-Schreibblock aus der Tasche, nahm den Stift, der stets einsatzbereit hinter seinem rechten Ohr steckte, ging zu meiner Mutter, stellte sich ihr als Inspektor Ephraim Keret vor und fragte, ob sie Zeugin des Vorfalls gewesen sei. Erschrocken sagte meine Mutter, dass sie gerade erst gekommen sei, aber mein Vater bestand darauf, dass er ihre Adresseninformationen aufnehmen müsse, damit sie später befragt werden könne. Sie gab ihm ihre Adresse, aber bevor Inspektor Ephraim noch irgendetwas sagen konnte, stürzten sich zwei wütende Polizisten auf ihn, legten ihm Handschellen an und zerrten ihn zum Auto. »Wir sprechen uns noch«, schrie er Mama aus dem anfahrenden Wagen mit charakteristischem Optimismus zu. Mama ging vor Angst zitternd nach Hause und erzählte ihrer Mitbewohnerin, dass es einem listigen Serienmörder gelungen war, ihr die Adresse abzuluchsen. Am nächsten Tag stand mein Vater nüchtern und mit einem Blumenstrauß vor ihrer Tür. Sie weigerte sich aufzumachen. Eine Woche später gingen sie miteinander ins Kino, und nach einem Jahr waren sie verheiratet.

Fünfzig Jahre sind vergangen. Inspektor Ephraim Keret ist nicht mehr im Elektrobusiness tätig, und meine Mutter hat lange keine Mitbewohnerin mehr gehabt. Aber zu besonderen Gelegenheiten, wie etwa Jahrestagen, holt mein Vater immer noch eine Flasche Whiskey aus dem Kabinett, und zwar den gleichen, den das lange schon eingegangene rumänische Restaurant serviert hat, und er schenkt jedem ein Glas ein. »Als die Ärztin gesagt hat, eine Woche nur Flüssigkeit, da meinte sie Suppe und nicht das«, flüstert mir Mama zu, während wir anstoßen.

»Sei vorsichtig, Mamele, ich höre alles«, sagt Papa und füllt den Raum zwischen seinen geschwollenen Backen mit einem Schluck Whiskey. »Und in zehn Tagen darf ich auch wieder beißen.«

Im Taxi auf dem Heimweg sagt meine Frau, dass die Geschichte, wie Paare einander getroffen haben, darauf hindeutet, wie sie ihr späteres Leben zusammen verbringen. »Deine Eltern haben einander unter extremen und farbigen Umständen getroffen, und ihr Zusammenleben sah danach wie ein Karneval aus.«

»Was ist mit uns?«, frage ich. Ich habe mich in einem Nachtclub in meine Frau verliebt. Sie kam herein, als ich gehen wollte. Zuvor kannten wir einander nur flüchtig. »Ich wollte gerade gehen!«, schrie ich, um die laute Musik zu übertönen, als wir in der Nähe der Tür aneinandergestoßen waren. »Ich muss morgen früh raus!«

»Küss mich!«, schrie sie zurück. Ich erstarrte. Sie war mir immer sehr scheu vorgekommen, und diese Aufforderung kam völlig überraschend.

»Vielleicht bleibe ich noch ein wenig«, sagte ich.

Eine Woche später waren wir ein Paar. Einen Monat später sagte ich ihr, dass ihr »Küss mich« an dieser Nachtclubtür das Waghalsigste war, das ich je ein

Mädchen hatte sagen hören. Sie sah mich an und lächelte. »Was ich gesagt habe, war, dass du kein Taxi finden wirst.« Ein Glück, dass ich sie missverstanden hatte.

»Uns?« Meine Frau überlegte einen Moment. »Wir sind auch so, wie wir einander begegnet sind. Unser Leben ist eine Sache, und du erfindest es ständig neu und machst etwas anderes, Interessanteres daraus. So machen es Schriftsteller, nicht wahr?«

Ich zuckte die Achseln und fühlte mich sanft getadelt.

»Nicht, dass ich mich beschweren würde«, sagte meine Frau und küsste mich. »Wenn man an eure Familientradition denkt, betrunken an Botschaftswände zu pinkeln, bin ich eigentlich gut davongekommen.«

JAHR 7

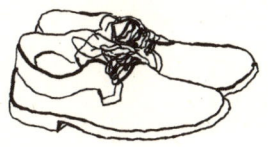

Shiva

Eines Morgens beschloss der Bruder meiner Großmutter, nicht länger religiös zu sein. Er rasierte sich
den Kopf, schnitt seine Schläfenlocken ab, nahm die
Yarmulke ab, packte seine Besitztümer und machte
sich daran, seine Heimatstadt Baranovichi zu verlassen und ein neues Leben zu beginnen. Der Rabbi der
Stadt, der als Wunderkind der Talmud-Auslegung galt,
bat um ein Gespräch, bevor er die Stadt verließ. Die
Unterredung zwischen Avraham, dem Bruder meiner
Großmutter, und dem Rabbi war kurz und unerfreu-
lich. Der Rabbi kannte Avraham als begabten Thora-
Studenten und war zutiefst enttäuscht darüber, dass
er entschieden hatte, die Religion aufzugeben. Aber
er sagte nichts darüber zu Avraham; stattdessen sah
er ihn stechend an und versprach ihm, dass er noch
vor seinem Tod zum Gesetz der Thora zurückkehren würde. Es war nicht klar, ob das als Segen oder
Drohung gemeint war, aber er sprach mit solcher
Überzeugungskraft, dass Avraham seine Worte nie
vergaß.

Ich höre diese Geschichte während der Shiva für meinen Vater. Mein älterer Bruder sitzt zu meiner Rechten, und meine Schwester sitzt auf einem niedrigen Stuhl zu meiner Linken. Ich habe ihr einen bequemeren Stuhl angeboten, aber sie hat abgelehnt. Nach den jüdisch-orthodoxen Trauergepflogenheiten, die meine ultraorthodoxe Schwester strikt befolgt, muss die Familie des Verblichenen auf niedrigeren Stühlen sitzen als die Leute, die zum Kondolieren gekommen sind. Uns gegenüber sitzt ein entfernter Verwandter aus der ultraorthodoxen Stadt Bnei Brak, und wie viele, die zu dieser Shiva gekommen sind, bietet er keinen Trost, sondern eine neue, gänzlich unbekannte Geschichte über unseren Vater. Es ist unglaublich, wie viele Seiten dieser Mann zusätzlich zu jenen hatte, die ich kannte, als er am Leben war. Und ebenso unglaublich ist, dass es diese völlig fremden Leute sind, die ich noch nie zuvor getroffen habe, die mir helfen, meinem Vater jetzt, da er nicht mehr da ist, noch näher zu kommen.

Der ultraorthodoxe Verwandte aus Bnei Brak isst oder trinkt in unserem Haus während der Shiva nichts, er lehnt sogar ein Glas Wasser ab. Ich frage nicht warum, aber es ist ziemlich klar, dass er uns in Sachen der Kashrut nicht vertraut. Er macht nichts, außer eine Geschichte zu erzählen. Als wäre er als Bote hier, um noch eine Erzählung über unseren Vater vor der Tür abzulegen, ein paar zurückhaltende Trostworte zu sprechen und wieder zu gehen. Aber zuvor muss er seine Geschichte beenden.

Also wo waren wir? Bei der Unterredung zwischen Avraham und dem Rabbi. Jahre nachdem Großmutters Bruder Avraham die Yeshiva in Polen verlassen hatte, nach Israel ausgewandert und einem Kibbuz beigetreten war, fand er sich inmitten eines schrecklichen Krieges. Es war 1973, und am Yom-Kippur-Tag gab es einen Überraschungsangriff gegen Israel. Die israelische Armee war unvorbereitet, und während der ersten Tage des Krieges fühlte jeder, dass das Ende des Staates Israel und des jüdischen Volkes nicht mehr fern war. Der Ort, an dem sich Avraham aufhielt, wurde heftig von den Syrern bombardiert, und während die Geschosse überall um ihn einschlugen, stand er auf und forderte eine Frau, die nicht weit von ihm auf dem Boden lag, auf, sich direkt neben ihn zu legen. Die Frau kam herangelaufen, und als sie den enorm zuversichtlichen Avraham fragte, warum er meinte, dass es dort, wo er war, sicherer sei, erklärte er, dass sie nur in seiner Nähe bleiben solle, denn keine Bombe könne dorthin fallen. »Eine Menge Pechvögel werden in diesem verdammten Krieg sterben«, sagte Avraham, um die verängstigte Frau zu beruhigen, »aber ich werde keiner von ihnen sein.« Schreiend, um das Pfeifen der Artilleriegeschosse zu übertönen, fragte sie, wie er so sicher sein könne, und Avraham antwortete, ohne zu zögern: »Weil ich noch immer nicht zum Gesetz der Thora zurückgekehrt bin.« Avraham und die Frau überlebten das Bombardement, und Jahre später, als er während eines Sturms ins Meer gefallen war, fand ihn das Rettungsteam, wie er aufs Wasser einschlug und zum Himmel emporschrie: »Ich glaube noch immer nicht an dich!«

Avraham gründete eine große und blühende Familie und erreichte in guter Gesundheit ein hohes Alter, bis ihn schließlich eine ernste Krankheit traf. Nachdem er das Bewusstsein verloren hatte, sagten die Ärzte seiner Familie, dass er nicht mehr als einen Tag zu leben hatte. Aber dieser Tag wurde länger und länger, und als mein Vater ein paar Wochen später Avrahams Familie besuchte und hörte, wie sehr er litt, bat er um ein Gebetbuch und eine Yarmulke, ging geradewegs zum Krankenhaus, betrat Avrahams Zimmer und betete die ganze Nacht an seinem Bett. Avraham starb im Morgengrauen.

»Es ist nicht schwer, für die Seele eines Juden zu beten, wenn du gläubig bist«, sagte der Verwandte, während er zur Tür ging. »Als religiöser Mensch kann ich euch sagen, dass es sehr leicht ist, fast ein unfreiwilliger Reflex. Aber ein säkularer Mensch wie euer Vater – der muss dafür wirklich ein Zadik sein.«

In dieser Nacht, nachdem der letzte Besucher gegangen ist und unsere Mutter sich schlafen gelegt hat, bleiben nur meine Schwester, mein Bruder und ich im Wohnzimmer zurück. Mein Bruder raucht eine Zigarette und starrt aus dem Fenster, meine Schwester sitzt noch immer auf ihrem niedrigen Stuhl. Bald werden wir alle in unseren Kinderzimmern schlafen gehen. Meine Eltern haben die drei Räume so gelassen, wie sie einmal waren, als ob sie gewusst hätten, dass wir eines Tages zurückkommen. An der Wand meines Zimmers hängt das Poster einer Comicfigur, die ich als Kind bewundert habe, im Zimmer meines Bruders hängt eine Weltkarte über dem Bett, und im Zimmer meiner Schwester hängt ein Wandteppich, den sie als Teenager bestickt hat, und zwar – natürlich – mit Jakob, wie er mit einem Engel in weißer Robe kämpft. Aber bevor wir ins Bett gehen, verbringen wir noch ein paar Minuten allein miteinander. Die Shiva endet morgen. Meine Schwester wird zurück nach Mea Shearim gehen, den ultraorthodoxen Stadtteil von Jerusalem, und mein Bruder wird zurück nach Thailand fliegen, aber bis dahin können wir noch eine Tasse Tee zusammen trinken, die koscheren Kekse essen, die ich in einem Spezialgeschäft für meine Schwester gekauft habe, und die Geschichten würdigen, die wir in dieser Trauerwoche über unseren Vater gehört haben, und wir können stolz auf unseren Vater sein, ohne ihn zu entschuldigen oder zu kritisieren, ganz wie es sich für Kinder gehört.

In meines Vaters Fußspuren

Diese Nacht hätte ich von Israel nach Los Angeles fliegen sollen, um meine Lesereise zu beginnen, aber ich wollte nicht.

Mein Vater war erst vor vier Wochen gestorben, und die Reise bedeutete, dass ich die Enthüllung seines Grabsteins versäumen würde. Aber meine Mutter bestand darauf. »Dein Vater hätte gewollt, dass du gehst.« Und das war ein sehr überzeugendes Argument. Mein Vater hätte wirklich gewollt, dass ich die Reise mache. Als er krank geworden war, hatte ich alle Reisepläne abgesagt, und obgleich er begriff, wie wichtig es für uns beide war, in diesen schweren Tagen zusammen zu sein, waren ihm die Absagen dennoch unangenehm.

Jetzt dachte ich an ihn und die Lesereise, während ich Lev badete. Auf der einen Seite, dachte ich, war in ein Flugzeug zu steigen jetzt wirklich das Letzte, was ich tun wollte. Auf der anderen Seite war es vielleicht gut für mich, etwas zu tun zu haben und für eine Weile an andere Dinge zu denken. Lev spürte, dass meine Gedanken anderswo waren, und als ich ihn aus der Wanne hob und mit dem Abtrocknen begann, sah er das als perfekte Gelegenheit für eine kleine *Last-Minute*-Balgerei vor der Abreise seines Vaters. Er schrie »Überraschungsangriff!« und gab meinem Magen einen freundlichen Kopfstoß. Mein Magen vertrug es ganz gut, aber Lev rutschte auf dem nassen Boden aus und fiel zurück, so dass sein Kopf auf dem Rand unserer alten Wanne aufzuschlagen drohte. In einer instinktiven Bewegung brachte ich es gerade noch fertig, meine Hand auf den Wannenrand zu legen, um den Aufschlag abzufangen.

Lev ging aus dem Gewaltabenteuer unverletzt hervor, und ich auch, abgesehen von einer kleinen Schramme an der Rückseite meiner Hand. Da unsere alte Badewanne einige Rostflecken an ihrem Rand hatte, musste ich für eine Tetanusspritze zu einer nahe gelegenen Klinik. Ich brachte es fertig, alles schnell hinter mich zu bringen und rechtzeitig wieder zu Hause zu sein, bevor Lev eingeschlafen war. Er lag bereits im Pyjama im Bett und war aufgebracht. »Haben sie dir eine Spritze gegeben?«

Ich nickte.

»Und hat es weh getan?«

»Ein wenig«, sagte ich.

»Das ist nicht fair«, rief Lev. »Es ist einfach nicht fair! Ich war der, der das gemacht hat. Ich hätte die Schramme und die Spritze bekommen sollen, nicht du. Warum hast du überhaupt deine Hand dorthin getan?«

Ich sagte Lev, dass ich es getan hätte, um ihn zu schützen.

»Ich weiß das«, sagte er, »aber warum, warum wolltest du mich schützen?«

»Weil ich dich liebe«, sagte ich, »weil du mein Sohn bist. Weil ein Vater seinen Sohn immer schützen muss.«

»Aber warum?«, fragte Lev hartnäckig. »Warum muss ein Vater seinen Sohn beschützen?«

Ich überlegte einen Moment. »Sieh mal«, sagte ich und streichelte seine Wange, »die Welt, in der wir leben, kann manchmal sehr rau sein. Und es ist nur fair, dass jeder, der in sie hineingeboren ist, mindestens eine Person hat, die da ist, um ihn zu beschützen.«

»Was ist mit dir?«, fragte Lev. »Wer beschützt dich jetzt, da Opa tot ist?«

Ich weinte nicht vor Lev. Aber später in dieser Nacht, auf dem Flug nach Los Angeles, tat ich es. Der Angestellte hinter dem Schalter am Ben-Gurion-Flughafen hatte vorgeschlagen, dass ich meinen kleinen Koffer mit ins Flugzeug nehmen sollte, aber ich hatte ihn nicht mitschleppen wollen und hatte ihn eingecheckt. Nachdem wir gelandet waren und ich umsonst am Gepäckband gewartet hatte, wurde mir klar, dass ich auf den Mann hätte hören sollen. Es war nicht viel in dem Koffer: Unterwäsche, Socken, ein paar gebügelte, säuberlich gefaltete Hemden für meine Lesungen und ein Paar Schuhe von meinem Vater. Die Wahrheit ist, dass ich eigentlich ein Bild von ihm auf die Lesereise hatte mitnehmen wollen, aber ohne irgendeinen vernünftigen Grund hatte ich stattdessen nur eine Minute, bevor ich hinunter zum Taxi gegangen war, ein Paar Schuhe, das er einige Monate zuvor bei mir gelassen hatte, in den Koffer gesteckt. Jetzt fuhren diese Schuhe wohl an einem anderen Flughafen im Kreis.

Die Fluglinie brauchte eine Woche, um mir meinen Koffer zurückzugeben, eine Woche, in der ich an vielen Veranstaltungen teilnahm, zahlreiche Interviews gab und sehr wenig schlief. Mein Jetlag bot eine gute Ausrede, obgleich ich zugeben muss, dass ich schon vor der Reise in Israel nicht sehr gut geschlafen hatte. Ich entschied mich, die emotionale Wiederbegegnung mit meinem Gepäck in New York mit einer langen heißen Dusche zu feiern. Ich öffnete meinen Koffer, und das erste Ding, das ich sah, waren meines Vaters Schuhe auf einem Stapel gebügelter Hemden. Ich nahm sie heraus und stellte sie auf den Tisch. Ich suchte ein Unterhemd und eine Unterhose heraus und ging ins Badezimmer. Als ich zehn Minuten später wieder herauskam, stand ich in einer Flut. Der Boden des Zimmers war zur Gänze voll Wasser.

Ein ungewöhnliches Problem mit den Rohren, würde mir der schnurrbärtige Hotelhandwerker später in schwerem polnischen Akzent mitteilen. Der gesamte Inhalt meines Koffers, den ich auf dem Boden gelassen hatte, war vollgesogen mit Wasser. Zum Glück hatte ich meine Jeans aufs Bett geworfen und meine Unterwäsche an den Handtuchhalter gehängt.

Das Auto, das mich zur Veranstaltung bringen sollte, würde in wenigen Minuten hier sein – gerade genug Zeit, um ein paar Socken mit dem Föhn zu trocknen und zu entdecken, wie nutzlos das war, weil meine Schuhe auf dem Grund des trüben Teichs lagen, in den mein Zimmer sich verwandelt hatte. Der Fahrer rief mich auf meinem Mobiltelefon an. Er war gerade angekommen und fand keinen guten Platz zum Halten, also wollte er wissen, wie lange ich brauchen würde, um herunterzukommen. Ich sah die Schuhe meines Vaters an, die trocken auf dem Tisch standen. Sie sahen sehr bequem aus. Ich zog sie an und verschnürte die Bänder. Sie passten perfekt.

Marmelade

Die Kellnerin im Warschauer Café fragt, ob ich Tourist bin. »Eigentlich«, sage ich ihr und zeige auf eine nahe gelegene Kreuzung, »ist mein Zuhause genau hier.« Es ist überraschend, wie wenig Zeit ich dafür gebraucht habe, den 1,20 Meter breiten Raum in einem fremden Land, dessen Sprache ich nicht spreche, »Zuhause« zu nennen. Aber der lange, enge Raum, in dem ich die Nacht verbracht habe, fühlt sich tatsächlich wie ein Zuhause an.

Vor nur drei Jahren klang die Idee eher wie ein alberner Scherz. Ich bekam auf meinem Mobiltelefon einen Anruf von einer unterdrückten Nummer. Am anderen Ende der Leitung stellte sich ein Mann, der Englisch mit starkem Akzent sprach, als Jakub Szczesny vor, ein polnischer Architekt.

»Eines Tages«, sagte er, »ging ich die Chlodna-Straße hinunter und sah eine schmale Lücke zwischen zwei Häusern. Und diese Lücke sagte mir, dass ich dort ein Haus bauen muss.«

»Toll«, sagte ich und versuchte ernsthaft zu klingen. »Man soll immer tun, was eine Lücke einem sagt.«

Zwei Wochen nach diesem eigenartigen Gespräch, das ich in meinem Gedächtnis unter »unklare Practical Jokes« abgelegt hatte, rief Szczesny wieder an. Diesmal, wie sich herausstellte, aus Tel Aviv. Er war hergekommen, damit wir uns von Angesicht zu Angesicht treffen konnten, da er richtigerweise annahm, dass ich ihn bei unserem letzten Gespräch nicht ernst genommen hatte. Als wir uns in einem Café in der Ben Yehuda Straße trafen, teilte er mir mehr Einzelheiten über seine Idee mit, mir ein Haus zu bauen, das die Proportionen meiner Geschichten haben sollte: so minimalistisch und klein wie möglich. Als Szczesny den unbenützten Platz zwischen den beiden Häusern auf der Chlodny Straße sah, entschied er, dass er mir da ein Zuhause bauen musste. Als wir uns trafen, zeigte er mir die Baupläne für ein schmales dreistöckiges Haus.

Nach unserem Treffen nahm ich das computersimulierte Bild des Gebäudes in Warschau mit in mein Elternhaus. Meine Mutter wurde 1934 in Warschau geboren. Als der Krieg ausbrach, kam sie mit ihrer Familie ins Ghetto. Noch als Kind musste sie Wege finden, um ihren Eltern und ihrem kleinen Bruder zu helfen. Kinder konnten leichter aus dem Ghetto entkommen und Nahrungsmittel hineinschmuggeln. Während des Krieges verlor sie ihre Mutter und ihren kleinen Bruder. Dann verlor sie auch ihren Vater und war völlig allein auf der Welt.

Vor vielen Jahren hat sie mir erzählt, dass sie nach dem Tod ihrer Mutter ihrem Vater gesagt hatte, dass sie nicht mehr kämpfen wolle, dass es ihr egal war, ob sie auch sterben würde. Ihr Vater sagte ihr, dass sie nicht sterben dürfe, dass sie überleben müsse. »Die Nazis«, sagte er, »wollen unseren Familiennamen aus dem Land auslöschen, und du bist die Einzige, die ihn am Leben halten kann. Es ist deine Mission, durch den Krieg zu kommen und sicherzustellen, dass unser Name überlebt, so dass ihn jeder, der über die Straßen von Warschau geht, kennt.« Kurz darauf starb er im polnischen Aufstand. Als der Krieg zu Ende war, wurde meine Mutter zuerst in ein polnisches Waisenhaus geschickt, dann in ein französisches und kam von dort nach Israel. Indem sie überlebte, erfüllte sie den Auftrag ihres Vaters. Sie hielt die Familie und deren Namen am Leben.

Als meine Bücher allmählich in Übersetzungen erschienen, waren die zwei Länder, in denen ich erstaunlicherweise einen gewissen Erfolg hatte, Deutschland und Polen. Später, in perfekter Übereinstimmung mit der Biographie meiner Mutter, kam Frankreich dazu. Meine Mutter ging niemals nach Polen zurück, aber mein Erfolg in ihrem Geburtsland war ihr sehr wichtig, sogar wichtiger als mein Erfolg in Israel. Ich erinnere mich, dass sie, nachdem sie meine erste Sammlung in polnischer Übersetzung gelesen hatte, zu mir sagte: »Du bist überhaupt kein israelischer Schriftsteller. Du bist ein polnischer Schriftsteller im Exil.«

Meine Mutter musste nicht einmal eine Sekunde auf das Bild sehen; zu meiner Überraschung erkannte sie die Straße augenblicklich. Das schmale Zuhause würde, gänzlich durch Zufall, genau an die Stelle gebaut werden, wo eine Brücke das kleinere Ghetto mit dem größeren verbunden hatte. Wenn meine Mutter Nahrung für ihre Eltern schmuggelte, musste sie dort an einer von Nazisoldaten bemannten Barrikade vorbei. Sie wusste genau: Wurde sie dabei erwischt, wie sie einen Laib Brot mit sich trug, würde man sie sofort erschießen.

Und jetzt bin ich hier, am gleichen Schnittpunkt, und das schmale Haus ist keine Simulation mehr. Neben der Türklingel ist ein Schild, auf dem in großen, frechen Buchstaben DOM KERETA (THE KERET HOUSE) steht. Und ich fühle, dass meine Mutter und ich jetzt den Wunsch meines Großvaters erfüllt haben und dass unser Name wieder lebt, in dieser Stadt, in der fast keine Spur meiner Familie mehr existiert.

Als ich aus dem Café zurückkomme, wartet am Eingang eine Nachbarin auf mich – eine Frau, die sogar noch älter ist als meine Mutter und ein Einmachglas in Händen hält. Sie lebt auf der anderen Straßenseite, hat von dem schmalen Haus gehört und will den neuen israelischen Nachbarn mit hausgemachter Marmelade begrüßen. Ich bedanke mich und erkläre ihr, dass mein Aufenthalt in dem Haus begrenzt und symbolisch sein wird. Sie nickt, aber sie hört mir nicht wirklich zu. Der Mann, den ich auf der Straße gebeten habe, ihr Polnisch in mein Englisch zu übersetzen, hört damit auf, meine Worte wiederzugeben, und sagt in entschuldigendem Ton, dass er glaubt, dass sie nicht gut hört. Ich bedanke mich wieder bei der Frau und wende mich ab, um ins Haus zu gehen. Sie ergreift meine Hand und beginnt einen langen Monolog. Der Mann kommt beim Übersetzen kaum mit. »Sie sagt, dass sie als Mädchen zwei Klassenkameradinnen hatte, die nicht weit von hier lebten. Beide Mädchen waren jüdisch, und als die Deutschen in die Stadt einmarschiert sind, mussten sie ins Ghetto ziehen. Vor der Abreise hatte ihre Mutter zwei Marmeladenbrote gemacht, die sie ihren Freundinnen geben sollte. Sie haben die Brote genommen und ihr gedankt, und sie hat sie nie mehr gesehen.«

Die alte Frau nickt, als wolle sie alles bestätigen, was er auf Englisch sagt, und als er fertig ist, fügt sie noch ein paar Sätze hinzu, die er übersetzt. »Sie sagt, dass die Marmelade, die sie Ihnen gibt, genau die gleiche ist, die ihre Mutter auf die Brote der Mädchen geschmiert hat. Aber die Zeiten ändern sich, und sie hofft, dass man Sie nie zwingen wird, von hier wegzuziehen.« Die alte Frau nickt und nickt, und ihre Augen füllen sich mit Tränen. Als ich sie umarme, erschrickt sie zunächst, aber dann freut sie sich.

In dieser Nacht sitze ich in der Küche meines schmalen Hauses, trinke Tee und esse eine Scheibe Brot mit einer Marmelade, die süß ist vor Großzügigkeit und sauer von den Erinnerungen. Ich esse immer noch, als mein Mobiltelefon auf dem Tisch vibriert. Ich sehe auf den Schirm – es ist meine Mutter. »Wo bist du?«, fragt sie in dem gleichen besorgten Ton, den sie hatte, wenn ich als Kind spät aus dem Haus eines Freundes zurückkam.

»Ich bin hier, Mama«, sage ich mit erstickter Stimme. »Zu Hause in Warschau.«

Taximeter

Meine Frau sagt, dass ich zu nett bin, während ich behaupte, dass sie einfach ein sehr, sehr schlechter Mensch ist. Irgendwann als wir anfingen, miteinander zu leben, hatten wir darüber ernsthaften Streit. Es begann, als ich mit einem Taxifahrer, der mich von der Universität heimgebracht hatte, in die Wohnung kam. Er musste auf die Toilette. Als sie aufwachte, hörte sie das Geräusch der Spülung und kam unvollständig bekleidet in unser Wohnzimmer. Der dürre Taxifahrer kam aus dem Bad und sagte höflich »Guten Morgen«, während er den Reißverschluss seiner Hose schloss. Sie antwortete mit einem kurzen »O mein Gott!« und rannte zurück ins Schlafzimmer.

Der Streit begann, nachdem der dürre Mann gegangen war. Sie sagte, es sei verrückt, einen Taxifahrer, den man kaum kenne, ins Haus zu bringen, damit er auf die Toilette gehen könne. Ich sagte, dass es gemein sei, das nicht zu tun. Schließlich sei das ganze Geschäft der Personengastbeförderung auf den rücksichtsvollen Umgang mit den Gefühlen der Passagiere abgestimmt. Diese Fahrer bewegten sich den ganzen Tag ohne Toiletten an Bord die Straßen auf und ab, also wo sollten sie sich denn erleichtern, vielleicht im Kofferraum? Solange sie sich auf ihre Behauptung konzentrierte, dass ich verrückt sei, war die Diskussion noch zivilisiert. Aber in dem Augenblick, als ich die entgegengesetzte Hypothese vorschlug – dass vielleicht der Großteil der Menschheit Taxifahrer in ihre Toiletten einladen würde und dass nur die egoistischen Leute unter uns, wie zum Beispiel sie, das für seltsam hielten –, begann die Lautstärke zu steigen.

Es endete damit, dass wir eine Liste von sechs gemeinsamen Freunden aufstellten, denen wir die gleiche Frage vorlegen würden: Hast du jemals einen Taxifahrer hinauf in deine Wohnung eingeladen, um die Toilette zu benützen? Wenn die Mehrheit ja sagen würde, könnte ich weiterhin Fahrer in unsere Wohnung bitten. Wenn die Mehrheit nein sagte, würde ich aufhören. Und im Fall eines Unentschiedens könnte ich sie weiterhin einladen, würde mich aber bei meiner Frau dafür entschuldigen, dass ich sie einen schlechten Menschen genannt hatte, und würde ihr eine Woche lang täglich die Füße massieren.

Wir fragten unsere sechs Freunde. Sie waren alle auf ihrer Seite. Aber was, fragte ich jeden Einzelnen, machst du denn, wenn du mit einem Fahrer im Auto bist, der wirklich, wirklich auf die Toilette muss? Ignorierst du das einfach? Bezahlst du ihn und sagst: »Der

Rest ist für Sie, guter Mann, und jetzt fahren Sie weiter, bis Sie in einer Pfütze sitzen«? Dann erst wurde mir klar, dass ich mit der einzigartigen und absolut bedeutenden Fähigkeit gesegnet bin zu fühlen, wenn Leute auf die Toilette müssen. Es stellte sich heraus, dass solche Dinge für mich so klar erkennbar sind wie die Glastüren der Bank, in die meine Frau immer wieder hineinläuft –, während der Rest der Menschheit für den Zustand der Blase anderer völlig unsensibel ist.

Das geschah vor elf Jahren, aber letzten Freitag, auf der Fahrt zu Amnons Hochzeit im Kibbuz Shefayim, erinnerte ich mich wieder daran. Amnon und ich waren für fast zwei Wochen im gleichen Fitnessclub, bevor ich austrat. Dass sein Name Amnon ist, weiß ich nur deswegen, weil der Besitzer des Clubs bei unserer ersten Begegnung zu ihm sagte: »Hey Amnon, versuch's doch mal mit Deodorant!« Und nach einer Pause fügte er hinzu: »Sag, Etgar, ist dieser Geruch nicht kriminell?« Ich sagte dem Besitzer, dass ich nichts riechen könne, und seither sind Amnon und ich gewissermaßen Freunde.

Um ehrlich zu sein, ich war ein wenig überrascht, als Amnon mich bei unserer zufälligen Begegnung im Café einlud. Aber es ist wie eine gerichtliche Vorladung: In dem Moment, da der Umschlag deine Hand berührt, weißt du, dass du kommen musst. So ist es mit Hochzeitseinladungen – je weniger du die Person kennst, die dich einlädt, umso mehr hast du das Gefühl, dass du hingehen musst. Wenn du bei der Hochzeit deines Bruders nicht auftauchst und sagst: »Ich konnte nicht kommen, weil das Kind Schmerzen in der Brust hatte und ich es zur Notaufnahme gebracht habe«, wird er dir glauben, weil er weiß, dass es nichts gibt, das du mehr willst, als an seinem großen Tag bei ihm zu sein, aber wenn es ein Amnon ist, den du kaum kennst, wird er sofort davon ausgehen, dass es eine Ausrede ist.

»Ich gehe nicht zu der Hochzeit von einem übelriechenden Kerl aus deinem Fitnessclub«, sagte meine Frau in bestimmtem Ton.

»Okay«, sagte ich. »Dann gehe ich allein. Aber nächstes Mal, wenn wir Streit haben und ich dir sage –«

»Sag nicht schon wieder, dass ich ein schlechter Mensch bin«, warnte sie mich. »Ich hasse es, wenn du das sagst.« Daher sage ich das nicht, aber ich denke es den ganzen Weg zur Hochzeit im Kibbuz Shefayim. Ich werde nicht lang bleiben können. Laut Einladung findet die Chuppa um zwölf Uhr statt, und um eins wird der Film eines ehemaligen Studenten von mir in der Cinemathek in Tel Aviv gezeigt.

Beim üblichen Freitagmittagverkehr dauert die Fahrt von Shefayim nach Tel Aviv höchstens eine halbe Stunde, also müsste ich das schaffen. Allerdings ist es schon halb eins, und es sieht nicht danach aus, als ob die Chuppa bald beginnt. Der Student, der den Film inszeniert hat, hat schon dreimal angerufen, um zu fragen, wann ich da sein werde. Oder um genau zu sein, er hat zweimal angerufen, und beim dritten Mal war es sein älterer Bruder, den ich nicht einmal kenne, um sich dafür zu bedanken, dass ich zugesagt habe. »Er hat keinen seiner anderen Lehrer eingeladen«, hat er gesagt, »nur Familie, Freunde und Sie.« Ich entscheide also, dass ich los muss. Schließlich hat Amnon mich hier gesehen, und ich habe ihm auch schon einen Scheck gegeben.

Als ich ins Taxi steige, schicke ich meinem Studenten eine Nachricht, dass ich ein paar Minuten zu spät komme. Er schreibt zurück, dass das in Ordnung ist, sie haben technische Probleme, und das Screening wird sich um eine Stunde verzögern. Ich bitte den Fahrer zu wenden und gehe zurück in den Hochzeitssaal. Die Chuppa ist gerade vorbei. Ich gehe zu Amnon und seiner Braut und gratuliere ihnen. Er umarmt mich und sieht glücklich aus. Es war nicht nett von meiner Frau, ihn übelriechend zu nennen. Er ist ein großartiger Mensch mit Gefühlen und allem, was dazugehört, aber die Wahrheit ist schon auch, dass er starken Körpergeruch hat.

Später, während der Filmvorführung, bekomme ich eine SMS von meiner Frau. »Wo bist du? Die Druckers warten. Der Sabbat beginnt bald, und sie müssen vorher zurück nach Jerusalem.« Die Druckers sind

Freunde, die religiös geworden sind. Vor Jahren haben wir zusammen geraucht. Jetzt reden wir vor allem über die Kinder. Sie haben so viele. Und sie alle sind gottlob gesund und hübsch. Ich schlängele mich zum Ausgang. Mein Student hat mich hereinkommen sehen. Das sollte genügen. In einer Stunde werde ich ihm schreiben, dass es großartig war und dass ich gleich nach der Vorführung los musste. In der Nähe des Ausgangs sitzt sein Bruder. Er sieht mich an, als ich hinausgehe. Seine Augen sind feucht von Tränen. Er weint nicht meinetwegen; er weint wegen des Filmes. Bei all dem Druck ist mir kaum aufgefallen, dass einer gezeigt wird. Wenn er weint, muss der Film gut sein.

Auf der Taxifahrt nach Hause spricht der Fahrer ständig von den Ausschreitungen in Syrien. Er gibt zu, dass er nicht weiß, wer gegen wen kämpft, aber er findet das alles aufregend. Er spricht und spricht und spricht, aber ich höre nicht ihm, sondern seinem Körper zu. Er muss dringend auf die Toilette. Als wir zu meinem Haus kommen, zeigt das Taximeter 38 Shekel. Ich gebe ihm einen Fünfziger und sage ihm, dass der Rest für ihn ist. Aus dem Autofenster sehe ich meine Frau auf dem Balkon mit Dror und Rakefet Drucker lachen. Sie ist wirklich kein schlechter Mensch.

Pastrami

Die Luftschutzsirene erwischt uns auf der Autobahn, auf der Fahrt zum Haus von Shiras Vater nördlich von Tel Aviv. Shira fährt an den Straßenrand, wir steigen aus und lassen die Badmintonschläger und den Federball auf dem Rücksitz liegen. Lev hält meine Hand und sagt: »Papa, ich bin ein bisschen nervös.« Er ist sieben, und sieben ist das Alter, in dem man es nicht cool findet, über Angst zu reden, daher benützt man lieber das Wort *nervös*. Gemäß der Anweisungen des Heimatschutzkommandos legt sich Shira an den Straßenrand. Ich sage Lev, dass er sich auch hinlegen soll. Aber er bleibt stehen, und seine kleinen verschwitzten Hände klammern sich an meine. »Leg dich schon hin!«, sagt Shira und hebt ihre Stimme, damit man sie über das Sirenengeheul hinweg hören kann. Er tut es nicht, und auch ich bleibe stehen.

»Wollen wir Pastramisandwich spielen?«, frage ich Lev.

»Was ist das?«, fragt er, ohne meine Hand loszulassen.

»Mama und ich sind Brotscheiben, und du bist eine Pastramischeibe, und wir müssen, so schnell es geht, ein Pastramisandwich machen. Los! Zuerst legst du dich auf Mama.« Lev legt sich auf Shiras Rücken und umarmt sie, so fest er kann. Ich lege mich auf die beiden und presse die Hände gegen die feuchte Erde, um sie nicht zu erdrücken.

»Das fühlt sich gut an«, sagt Lev lächelnd.

»Pastrami sein ist das Beste«, sagt Shira unter ihm.

»Pastrami!«, rufe ich.

»Pastrami!«, ruft meine Frau.

»Pastrami!«, ruft Lev, entweder aus Freude oder aus Furcht, mit zitternder Stimme. »Papa, schau, da krabbeln Ameisen auf Mama.«

»Pastrami mit Ameisen!«, rufe ich.

»Pastrami mit Ameisen!«, ruft meine Frau.

»Igitt!«, ruft Lev.

Dann hören wir den Knall. Laut, aber weit weg. Wir bleiben noch lange aufeinander liegen, ohne uns zu bewegen. Meine Arme fangen an weh zu tun, weil sie mein Gewicht halten müssen. Aus dem Augenwinkel sehe ich andere Fahrer, die auf der Autobahn gelegen haben, aufstehen und den Dreck von ihren Kleidern klopfen. Ich mache mich ebenfalls ans Aufstehen.

»Leg dich hin«, sagt Lev. »Leg dich hin, Papa. Du machst das Sandwich kaputt.«

Ich lege mich noch eine Minute hin und sage: »Okay, Spiel vorbei, wir haben gewonnen.«

»Aber das ist schön«, sagt Lev. »Können wir noch ein bisschen so bleiben?«

Wir bleiben noch ein paar Sekunden so. Mama ganz unten, Papa oben und Lev und ein paar rote Ameisen in der Mitte. Als wir schließlich aufstehen, fragt Lev, wo die Rakete ist. Ich zeige in die Richtung, aus der die Explosion gekommen ist. »Es klang, als ob sie nicht weit von unserem Haus explodiert ist.«

»Oooh«, sagt Lev enttäuscht. »Jetzt findet Lahav wahrscheinlich wieder Stücke. Gestern kam er mit einem Stück Eisen von der letzten Rakete in die Schule, und darauf stand das Logo der Firma und der Name auf Arabisch. Warum musste sie so weit weg explodieren?«

»Besser weit weg als in der Nähe«, sagt Shira, während sie Sand und Ameisen von ihrer Hose putzt.

»Am besten wäre es, wenn es so weit weg ist, dass uns nichts passiert, aber nahe genug, damit ich ein paar Stücke finde«, sagt Lev.

»Am besten wäre Badminton auf der Wiese von Opa Yonatan«, sage ich und öffne die Tür zum Rücksitz des Autos.

»Papa«, sagt Lev, während ich ihn angurte. »Versprich mir, wenn es wieder eine Sirene gibt, spielen du und Mama wieder Pastrami mit mir.«

»Das verspreche ich«, sage ich. »Und wenn es langweilig wird, bringe ich dir bei, gegrillten Käse zu spielen.«

»Toll!«, sagt Lev, und nach einer Sekunde fügt er ernsthafter hinzu: »Aber was, wenn es nie mehr Sirenen gibt?«

»Keine Sorge«, beruhige ich ihn. »Ich glaube, mindestens eine oder zwei gibt es noch.«

»Und wenn nicht«, sagt Shira vom Vordersitz, »spielen wir ohne Sirenen.«

Anmerkung des Autors

Wenn ein Schriftsteller sagt, dass ihm ein Buch, das er geschrieben hat, besonders wichtig ist, sagt er eigentlich nicht viel. Damit ein Buch existieren kann, muss es für zumindest eine Person wichtig sein. Wenn man Glück hat, wird das ein Leser sein, aber wenn nicht, gibt es immer noch den Schriftsteller, der sich über sein Buch freuen wird wie ein stolzer Vater.

Und doch, dieses Buch ist mir besonders wichtig. Weil es das erste nichtfiktionale Buch ist, das ich nach mehr als fünfundzwanzig Jahren des Schreibens veröffentliche; weil es darin um die Menschen geht, die mir die liebsten auf der Welt sind; weil es mich als Autor in eine neue, nicht vertraute Situation bringt, verletzlich und intim. Diese neue Situation ist so furchterregend, dass ich mich entschieden habe, dieses Buch nicht in meiner Muttersprache (Hebräisch) oder an dem Ort, wo ich lebe (Israel), zu publizieren, sondern es nur mit Fremden zu teilen.

Solange ich denke, kannte ich zwei Arten von Geschichten: solche, die ich engen Freunden und Nachbarn erzähle, und solche, die ich lieber Leuten erzähle, die neben mir in der Bahn oder im Flugzeug sitzen. Um diese Art Geschichten handelt es sich hier: Geschichten über die Fragen, die mein Sohn mir stellte und die ich versuchte zu beantworten; Geschichten über meinen Vater, der immer da war, um mich zu retten, wenn ich gerettet werden musste, und für den ich nicht das Gleiche tun konnte, als er krank war; Geschichten über einen Schnurrbart, den ich mir während meines Vaters Krankheit mitten im Gesicht wachsen ließ, damit die Leute mich nicht fragen würden: »Wie geht's denn so?«; Geschichten über nie erfüllte Sehnsüchte und über einen endlosen Krieg, der unmerklich Teil der Kindheitslandschaft meines kleinen Sohnes wurde.

In diesem Buch teilen Sie ein Eisenbahnabteil mit mir. Wenn Sie zur letzten Seite kommen, steige ich aus, und wir sehen uns vielleicht nie wieder. Aber ich hoffe, dass etwas von der siebenjährigen Reise, die mit der Geburt meines Sohnes beginnt und mit dem Tod meines Vaters endet, auch Sie berührt.

Da es nie vorgesehen war, die Texte dieses Buches in Israel und auf Hebräisch zu veröffentlichen, und da sie in englischer Übersetzung überarbeitet, überdacht und korrigiert wurden, haben sie ihre hebräischen Anfänge hinter sich gelassen, und die englischen Übersetzungen von Miriam Shlesinger, Sondra Silverstone,

Jessica Cohen und Tony Barris wurden zur originalen Vorlage des Buches. Zutiefst dankbar bin ich meinem Freund Daniel Kehlmann für die Mühe und Hingabe, die er aufgewendet hat, um daraus eine deutsche Version zu schaffen.